제자훈련
지침서

2

성령의 사람

제자훈련
지침서
2
/
성령의 사람

초판 1쇄 발행일 2023년 9월 1일

펴낸이 김은호
지은이 김은호

펴낸곳 도서출판 꿈미
등　록 제2014-000035호(2014년 7월 18일)
주　소 서울시 강동구 양재대로81길 39, 이노빌딩 202호
전　화 070-4352-4143, 02-6413-4896
팩　스 02-470-1397
홈페이지 http://www.coommi.org
쇼핑몰 http://www.coommimall.com
이메일 book@coommimall.com
인스타그램 @coommi_books

제자훈련 2 지침서

성령의 사람

Discipleship Training _ Person of the Holy Spirit

김은호 지음

교재의 구성

제1권 비전의 사람(Person of Vision)에서는

이 땅에 하나님 나라를 세워 가시는 하나님의 거룩한 비전이 나의 비전이 되기 위한 필수적인 내용들을 다룹니다. 총 12주 동안 진행되며, 신앙생활의 기초부터 실제적인 삶의 영역들까지 다양하게 살펴봄으로써, 하나님 비전의 이론과 실제를 겸비한 비전의 사람으로 성장하게 될 것입니다.

제2권 성령의 사람(Person of the Holy Spirit)에서는

성령 충만한 삶이 과연 무엇이며, 이를 통해 세워지는 건강한 교회의 모습과 하나님이 원하시는 교회의 사역에 대해 살펴봅니다. 총 11주 동안 진행되는 훈련을 통해, 신약 시대 오순절 성령 강림 이후 있었던 놀라운 성령의 역사를 경험하고 전하는 여러분이 되기를 간절히 소망합니다.

본 제자훈련 교재의 핵심 주제는 신앙과 삶이 일치하는 '행동하는 그리스도인' (Acting Christian)입니다. '행동하는 그리스도인'이 되기 위해서는 하나님의 말씀과 하나님의 말씀에 반응하는 나(자아)의 마음 그리고 내가 살아가는 이 세상, 이 3가지 대상이 반드시 함께 고려되어야 합니다. 과거 하나님의 말씀에 만 집중하는 성경공부 방식에서 과감히 탈피하고, 인간에 대한 이해에만 매몰 되어 하나님의 말씀이 사라진 인문학적 접근에서 벗어나, 하나님의 말씀에 비 추어 나(자아)의 마음을 성찰하고, 매일의 삶 속에 적용할 수 있는 실제적인 지 침을 제공하기 위함입니다. 이를 위해 키워드 'ACT'라는 단어에 착안하여, 본 제자훈련 교재는 다음과 같은 프로세스로 진행됩니다.

Ask 마음속으로

Ask(마음속으로) 파트는 해당 주제와 연결되는 1-2 단락 정도의 짧은 글을 수 록합니다. 이를 통해 다음과 같은 효과를 기대할 수 있습니다.

1) 문제제기

해당 주제에 대한 중요성을 인식하고, 자신의 마음과 상태를 돌아보게 됩니다.

2) 아이스브레이킹(Ice breaking)

자신의 생각을 서로 나눔으로써 소그룹의 냉랭하고 어색한 분위기를 바꾸고, 서로의 마음을 열어 깊고 자연스러운 나눔이 이루어지게 됩니다.

Connect 말씀 속으로

Connect(말씀 속으로) 파트에서는 해당 주제와 연결되는 성경의 다양한 본문 속에 담긴 하나님의 원리들을 깊이 탐구하게 됩니다. 이를 통해 다음과 같은 효과를 기대할 수 있습니다.

1) 내용 관찰

성경 본문에 대한 관찰 질문을 통해, 성경 본문의 내용에 대한 정확한 이해와 구조적인 접근을 할 수 있습니다.

2) 연구 묵상

성경 본문에 대한 연구 묵상 질문을 통해, 성경 본문에서 성경 기자가 말하고 있는 의도와 의미를 파악하고, 거룩한 영적 상상력을 발휘하여 그것을 깊이 묵상할 수 있습니다. 이를 통해, 성경이 말하는 하나님의 원리를 발견하게 됩니다.

Transform 세상 속으로

Transform(세상 속으로) 파트는 성경 본문 속에서 도출한 하나님의 원리를 삶 속에 실제적으로 적용하기 위함입니다. 이를 통해 다음과 같은 효과를 기대할 수 있습니다.

1) 적용 : Case Study

현실의 삶 속에 있음직한 실제적인 사례를 생각하고 적용해 실제 삶에서 하나님의 원리를 고민하고 씨름할 수 있게 됩니다.

2) 결단 : Planning

제자훈련을 통해 삶의 실제적인 변화를 모색할 수 있도록 결단하고, 그 결단을 구체적으로 실행할 수 있는 계획을 세울 수 있습니다.

차례

1과

교회란 무엇인가?

❷ 총무는 "내 영혼의 거울"(개인별 점검표)을 취합하여 반별 점검표를 작성한 후 과제물과 함께 목회자에게 제출

❸ 목회자는 모임 전에 미리 "내 영혼의 거울" 및 항목별 과제 점검

❹ 모임 시작 전, 각 개인의 영성생활을 점검해 주는 코멘트를 반드시 해 주시길 바랍니다.

1. 찬양

2. 합심기도

1) 지난 한 주간을 돌아보며, 회개의 시간을 가집니다.

2) 성령 하나님을 초청하고, 모임 가운데 충만하게 임재하여 달라고 간구합니다.

3) 제자훈련을 위한 분명한 소명과 은혜를 위해 기도합니다.

4) 인도자가 대표기도로 마무리를 하고 모임을 시작합니다.

3. 암송 시험

1) 한 명씩 돌아가며 제시된 두 구절을 외우도록 합니다.

① 또 내가 네게 이르노니 너는 베드로라 내가 이 반석 위에 내 교회를 세우리니 음부의 권세가 이기지 못하리라 마 16:18

② 또 만물을 그의 발 아래에 복종하게 하시고 그를 만물 위에 교회의 머리로 삼으셨느니라 교회는 그의 몸이니 만물 안에서 만물을 충만하게 하시는 이의 충만함이니라 엡 1:22-23

4. 과제 점검

1) "내 영혼의 거울" 중심으로 과제를 점검합니다.

2) 각 훈련생마다 영성생활을 점검해 줍니다. 잘한 부분은 칭찬, 부족한 부분은 잘할 수 있도록 동기부여를 해 줍니다.

5. 삶 나눔 및 생활숙제 나눔

1) 지난 한 주 동안 있었던 즐거웠던 일, 슬펐던 일 등 한 주간의 이슈를 나눕니다.

※ 슬프거나 안타까운 일을 들었을 때, 성령님의 인도하심에 따라 바로 합심기도를 해도 좋겠습니다.

2) 지난 주 과제였던 생활숙제 나눔을 가집니다.

6. Q.T 나눔

1) 정해진 본문을 묵상해 온 것을 함께 돌아가며 나누도록 합니다.

2) 시간을 고려하여 정해진 몇 명만 나눠도 괜찮습니다. 다음 주에는 나누는 인원이 겹치지 않고 골고루 나눌 수 있도록 유도합니다.

1 제자훈련의 한계 극복하기

오륜교회는 개척 초기 '네비게이토 시리즈'로 제자훈련과 소그룹 성경공부를 시작했습니다. 그 후 사랑의교회 제자훈련을 도입하게 되었습니다. 그런데 훈련이 지속될수록 각 개인의 변화가 아닌, 거쳐 가는 하나의 과정이 되어 가고 있다는 문제점이 발견되었습니다. 제자훈련은 주님의 제자가 되는 것인데, 거쳐 가는 프로그램, 문화 등으로 그치는 것이 아쉬웠습니다. 이런 모습이 하나님이 보시기에도 아름답지 않을 것 같았습니다. 그래서 오륜교회의 목회철학이 가장 많이 담긴 설교를 중심으로 『제자훈련』 시리즈를 만들게 되었습니다. 이 훈련 과정을 통해 같은 생각, 같은 마음의 교회를 만들어 가길 원합니다.

2 분립개척교회란?

교회가 교회를 개척하는 것입니다. (다음 과에서 보다 면밀히 살펴보도록 하겠습니다.)

3 건강하지 않은 교회의 특징

　건강하지 않은 교회란, 철학과 방향에 반대를 하는 경우입니다. 물론 교회가 성경과 위배된 일을 할 때는 반대해야 합니다. 하지만 교회가 나아가는 방향이 말씀 안에 있다면 함께해야 합니다. 그렇지 않고 무리를 지어 교회에 반대한다면, 사탄이 좋아하는 자중지란의 본보기가 되는 것입니다. 바른 교회론의 정립이 중요한 이유입니다.

4 교회란 무엇인가?

1) 교회의 시작

　교회는 예수 그리스도의 탄생과 죽음, 그리고 부활, 결정적으로 오순절 성령강림을 통해 본격적으로 시작되었습니다. 예수님의 탄생이 성탄절이듯, 교회의 생일은 성령강림의 날이라고 볼 수가 있습니다.

2) 교회의 기반 (마 16:16, 18)

16 시몬 베드로가 대답하여 이르되 주는 그리스도시요 살아 계신 하나님의 아들이시니이다

18 또 내가 네게 이르노니 너는 베드로라 내가 이 반석 위에 내 교회를 세우리니 음부의 권세가 이기지 못하리라

‣ 교회는 신앙의 고백 위에 세워져야 한다

교회는 "주는 그리스도시요, 살아 계신 하나님의 아들이시니이다" 라는 신앙의 고백 위에 세워져야 합니다. 이 신앙고백이 우리의 신분과 존재가치를 결정해 줍니다. 이 신앙의 고백이 내 인생의 행복을 결정해 줍니다. 왜일까요? 오직 예수님만이 우리 삶에 그리스도 시요, 주님이시기에 그렇습니다.

로마 가톨릭의 문제는 이 고백을 한 베드로를 특별히 여기고 이를 계승한 자를 교황으로 보는 것입니다. 이것은 옳은 해석이 아닙니다. 주께서 이 고백 위에 교회를 세우신 것이지, 베드로라는 한 사람 위에만 세운 것이 아니기 때문입니다.

신앙을 고백하는 교회는 절대로 음부의 권세가 이기지 못합니다. 다시 말해 사탄의 모든 세력이 교회를 이길 수 없습니다. 악한 세력의 핍박은 가능하나, 근본적으로 이길 수 없는 것입니다.

3) 사도들과 선지자들의 터 위에 세워진 교회
   (엡 2:20; 참고. 딤후 3:15)

엡 2:20 너희는 사도들과 선지자들의 터 위에 세우심을 입은 자라 그리스도 예수께서 친히 모퉁잇돌이 되셨느니라

딤후 3:15 또 어려서부터 성경을 알았나니 성경은 능히 너로 하여금 그리스도 예수 안에 있는 믿음으로 말미암아 구원에 이르는 지혜가 있게 하느니라

'사도들과 선지자들의 터'란, 예수 그리스도의 가르침 위에 세워진 교회를 말합니다. 교회는 특정 이념과 사상이 아닌, 예수 그리스도의 가르침 위에 세워졌습니다. 그러하기에 교회는 어떤 사상이나 이념을 따르는 것이 아닌, 예수님의 말씀과 정신만 따라야 합니다.

　디모데후서 3장 15절을 보면, 교회는 하나님의 말씀, 즉 성경이라는 진리의 터 위에 세워져야 함을 말합니다. 교회가 이 말씀을 온전히 가르치고 전할 때, 교회 안에는 구원에 이르는 지혜가 가득하게 됩니다.

4) 그리스도의 몸인 교회
　(엡 1:22-23, 4:15-16; 골 1:18, 2:19; 요 14:20)

엡 1:22-23 **22** 또 만물을 그의 발 아래에 복종하게 하시고 그를 만물 위에 교회의 머리로 삼으셨느니라 **23** 교회는 그의 몸이니 만물 안에서 만물을 충만하게 하시는 이의 충만함이니라

엡 4:15-16 **15** 오직 사랑 안에서 참된 것을 하여 범사에 그에게까지 자랄지라 그는 머리니 곧 그리스도라 **16** 그에게서 온 몸이 각 마디를 통하여 도움을 받음으로 연결되고 결합되어 각 지체의 분량대로 역사하여 그 몸을 자라게 하며 사랑 안에서 스스로 세우느니라

골 1:18 그는 몸인 교회의 머리시라 그가 근본이시요 죽은 자들 가운데서 먼저 나신 이시니 이는 친히 만물의 으뜸이 되려 하심이요

골 2:19 머리를 붙들지 아니하는지라 온 몸이 머리로 말미암아 마디와 힘줄로 공급함을 받고 연합하여 하나님이 자라게 하시므로 자라느니라

요 14:20 그 날에는 내가 아버지 안에, 너희가 내 안에, 내가 너희 안에 있는 것을 너희가 알리라

교회는 그리스도의 몸입니다. 건물이나 조직이 아닙니다. 그리고 교회의 머리는 예수 그리스도이십니다. 교회를 몸으로 비유하신 이유는 몸과 머리가 하나이기 때문입니다. 예수님을 믿는 순간 우리(교회)는 그리스도의 몸에 접붙인 바 된 것입니다. 교회의 주인이 바로 예수님입니다. 교회의 큰 문제는 목회자가 교회의 머리 노릇을 하려는 것에 있습니다. 목회자는 교회의 머리 되시는 예수님의 지시와 명령에만 따라야 합니다.

5) 교회 지도자의 역할 (참고. 행 6:4)

4 우리는 오로지 기도하는 일과 말씀 사역에 힘쓰리라 하니

교회의 지도자에게 가장 중요한 것은 기도와 말씀에 힘을 다하는 것입니다. 하나님께서는 이런 교회의 지도자에게 비전을 주십니다. 그러므로 지도자는 늘 말씀과 기도로 깨어 있어야 합니다.

6) 교회의 다양성 (참고. 고전 12:12-31)

12 몸은 하나인데 많은 지체가 있고 몸의 지체가 많으나 한 몸임과 같이 그리스도 그러하니라 13 우리가 유대인이나 헬라인이나 종이나 자유인이나 다 한 성령으로 세례를 받아 한 몸이 되었고 또 다 한 성령을 마시게 하셨느니라 14 몸은 한 지체뿐만 아니요 여럿이니

15 만일 발이 이르되 나는 손이 아니니 몸에 붙지 아니하였다 할지라도 이로써 몸에 붙지 아니한 것이 아니요 16 또 귀가 이르되 나는 눈이 아니니 몸에 붙지 아니하였다 할지라도 이로써 몸에 붙지 아니한 것이 아니니 17 만일 온 몸이 눈이면 듣는 곳은 어디며 온 몸이 듣는 곳이면 냄새 맡는 곳은 어디냐 18 그러나 이제 하나님이 그 원하시는 대로 지체를 각각 몸에 두셨으니 19 만일 다 한 지체뿐이면 몸은 어디냐 20 이제 지체는 많으나 몸은 하나라 21 눈이 손더러 내가 너를 쓸 데가 없다 하거나 또한 머리가 발더러 내가 너를 쓸 데가 없다 하지 못하리라 22 그뿐 아니라 더 약하게 보이는 몸의 지체가 도리어 요긴하고 23 우리가 몸의 덜 귀히 여기는 그것들을 더욱 귀한 것들로 입혀 주며 우리의 아름답지 못한 지체는 더욱 아름다운 것을 얻느니라 그런즉 24 우리의 아름다운 지체는 그럴 필요가 없느니라 오직 하나님이 몸을 고르게 하여 부족한 지체에게 귀중함을 더하사 25 몸 가운데서 분쟁이 없고 오직 여러 지체가 서로 같이 돌보게 하셨느니라 26 만일 한 지체가 고통을 받으면 모든 지체가 함께 고통을 받고 한 지체가 영광을 얻으면 모든 지체가 함께 즐거워하느니라 27 너희는 그리스도의 몸이요 지체의 각 부분이라 28 하나님이 교회 중에 몇을 세우셨으니 첫째는 사도요 둘째는 선지자요 셋째는 교사요 그 다음은 능력을 행하는 자요 그 다음은 병 고치는 은사와 서로 돕는 것과 다스리는 것과 각종 방언을 말하는 것이라 29 다 사도이겠느냐 다 선지자이겠느냐 다 교사이겠느냐 다 능력을 행하는 자이겠느냐 30 다 병 고치는 은사를 가진 자이겠느냐 다 방언을 말하는 자이겠느냐 다 통역하는 자이겠느냐 31 너희는 더욱 큰 은사를 사모하라 내가 또한 가장 좋은 길을 너희에게 보이리라

교회의 다양성을 인정해야 합니다. 몸의 모든 구성 요소는 다 중요합니다. 한 요소도 빠짐없이 하나 되어 그리스도의 몸을 세워 가야 합니다. 서로 각 요소의 다양성을 인정하고, 연약함을 인정하고, 함께 그리스도의 몸을 세워 갈 수 있다면, 교회는 흔들리지 않을 것입

니다. 문제는 우리 눈으로 다른 지체들을 판단하거나 불만을 토로하고, 서로에게 주신 은사를 비교하는 데 있습니다. 모두가 다 존귀한 주님의 몸 된 교회의 지체임을 기억할 때, 주님은 이 모든 것을 사용해서 온전한 교회로 만들어 가실 것입니다.

7) 하나님의 처소 (엡 2:21-22; 고전 3:16)

> **엡 2:21-22 21** 그의 안에서 건물마다 서로 연결하여 주 안에서 성전이 되어 가고 **22** 너희도 성령 안에서 하나님이 거하실 처소가 되기 위하여 그리스도 예수 안에서 함께 지어져 가느니라
>
> **고전 3:16** 너희는 너희가 하나님의 성전인 것과 하나님의 성령이 너희 안에 계시는 것을 알지 못하느냐

'하나님의 처소'라는 것은 예수님을 믿는 한 사람 한 사람, 성령님이 내주하시는 각 사람들로 구성된 교회라는 말입니다. 진짜 교회는 건물이 아닌 바로 나와 우리입니다. 건물로서의 교회는 그 안을 채우는 교회 된 우리 모두가 있을 때 진정한 의미가 있는 것입니다.

8) 부르심을 받은 자들의 모임 (에클레시아, 참고. 고전 1:2)

> **2** 고린도에 있는 하나님의 교회 곧 그리스도 예수 안에서 거룩하여지고 성도라 부르심을 받은 자들과 또 각처에서 우리의 주 곧 그들과 우리의 주 되신 예수 그리스도의 이름을 부르는 모든 자들에게

헬라어 '에클레시아'는 '밖으로부터 불러내다'라는 의미를 가지고 있습니다. 우리 모두는 세상으로 부름받은 구원받은 공동체, 즉 교회입니다.

5 교회의 구분

1) 유형 교회 / 무형 교회

- 유형 교회는 눈에 보이는 불완전한 교회를 말합니다.
- 무형 교회는 눈에 보이지 않는 완전한 교회를 말합니다.

2) 지상 교회 / 천상 교회

- 지상 교회는 이 땅에 보이는 교회로, 유형 교회와 비슷한 의미를 가지고 있습니다.
- 천상 교회는 이 땅의 교회 안에 하나님의 자녀로 구성된 교회를 말합니다. 우리는 교회 안의 양과 염소를 구분할 수 없습니다. 누가 택함을 받았고, 그렇지 않은지 판단할 수 없습니다. 하지만 하나님은 다 알고 계십니다. 하나님이 우주적 시각으로 교회들을 바라보실 때, 구원받은 모든 사람이 '천상 교회'에 속한 자입니다.

3) 전투하는 교회 / 승리하는 교회 (엡 6:12; 마 16:18)

엡 6:12 우리의 씨름은 혈과 육을 상대하는 것이 아니요 통치자들과 권세들과 이 어둠의 세상 주관자들과 하늘에 있는 악의 영들을 상대함이라

마 16:18 또 내가 네게 이르노니 너는 베드로라 내가 이 반석 위에 내 교회를 세우리니 음부의 권세가 이기지 못하리라

- 전투하는 교회는 이 땅의 교회를 말합니다. 이 땅의 교회들은 사탄의 악한 세력들과 영적 전쟁을 치르며 살아갑니다. 때로는 이기기도, 지기도 합니다.
- 승리하는 교회는 예수님께서 선포하신 완전한 승리(마 16:18b)로 이미 이긴 교회입니다. 이 땅에서 전투하는 성도가 결국 입성할 천국에서는 더 이상 싸움이 없고, 오직 승리만 있습니다. 따라서 교회는 이미 승리했습니다.

6 건강한 교회, 행복한 교회

1) 독창보다는 합창이 중요하다.

교회에서 특정인만 두드러져서는 안 됩니다. 존귀한 하나님의 자녀인 우리 모두가 함께 하나님께 영광이 되는 교회가 되어야 합니다.

2) 동역자가 많은 교회가 건강한 교회이다.

신앙생활은 나 홀로 할 수 없습니다. 그것은 성경이 말하는 건강한 모습이 아니며 하나님께서 원하시는 모습도 아닙니다. 그래서 성경 말씀대로 세 겹 줄을 잡아 주는 신앙의 동역자가 필요합니다(전 4:12). 나 혼자는 넘어질 수 있어도, 세 겹 줄의 동역자가 함께 있다면 능히 이겨 낼 수가 있습니다. 바로 그런 동역자가 여러분 한 분 한 분이 되어 주십시오.

3) 교회는 비전 공동체이다.

교회는 비전 공동체입니다. 주님은 비전을 가진 자에게 복을 주십니다. 이 비전을 함께 성취해 가는 교회 공동체가 될 때, 성도 한 사람 한 사람이 하나님의 소명을 이루고, 이를 통해 복을 받게 됩니다.

마무리

1. 인도자는 오늘 배운 내용에 대해서 간략하게 정리한 후, 훈련생 개인의 삶에 적용, 도전을 주며 통성기도를 이끌어 갑니다.

2. 마침 기도는 훈련생이 하도록 합니다. 마침 기도에 대해 미리 마음의 준비를 해 올 수 있도록, 한 주 전에 정해서 알려 주도록 합니다.

Memo

2과

분립개척이란 무엇인가?

❶ 과제물과 "내 영혼의 거울"(개인별 점검표)을 모임 하루 전까지 총무에게 카톡 또는 메일로 제출할 수 있도록 사전에 공지

❷ 총무는 "내 영혼의 거울"(개인별 점검표)을 취합하여 반별 점검표를 작성한 후 과제물과 함께 목회자에게 제출

❸ 목회자는 모임 전에 미리 "내 영혼의 거울" 및 항목별 과제 점검

❹ 모임 시작 전, 각 개인의 영성생활을 점검해 주는 코멘트를 반드시 해 주시길 바랍니다.

1. 찬양

2. 합심기도

1) 지난 한 주간을 돌아보며, 회개의 시간을 가집니다.

2) 성령 하나님을 초청, 모임 가운데 충만하게 임재하여 달라고 간구합니다.

3) 제자훈련을 위한 분명한 소명과 은혜를 위해 기도합니다.

4) 인도자가 대표기도로 마무리를 하고 모임을 시작합니다.

3. 암송 시험

1) 한 명씩 돌아가며 제시된 두 구절을 외우도록 합니다.

① 그리하여 온 유대와 갈릴리와 사마리아 교회가 평안하여 든든히 서 가고 주를 경외함과 성령의 위로로 진행하여 수가 더 많아지니라 행 9:31

② 나는 심었고 아볼로는 물을 주었으되 오직 하나님께서 자라나게 하셨나니 고전 3:6

4. 과제 점검

1) "내 영혼의 거울" 중심으로 과제를 점검합니다.

2) 각 훈련생마다 영성생활을 점검해 줍니다. 잘한 부분은 칭찬, 부족한 부분은 잘할 수 있도록 동기부여를 해 줍니다.

5. 삶 나눔 및 생활숙제 나눔

1) 지난 한 주 동안 있었던 즐거웠던 일, 슬펐던 일 등 한 주간의 이슈를 나눕니다.

   ※ 슬프거나 안타까운 일을 들었을 때, 성령님의 인도하심에 따라 바로 합심기도를 해도 좋겠습니다.

2) 지난 주 과제였던 생활숙제 나눔을 가집니다.

6. Q.T 나눔

1) 정해진 본문을 묵상해 온 것을 함께 돌아가며 나누도록 합니다.

2) 시간을 고려하여 정해진 몇 명만 나눠도 괜찮습니다. 다음 주에는 나누는 인원이 겹치지 않고 골고루 나눌 수 있도록 유도합니다.

우리나라 교회의 역사는 교회의 개척과 함께 성장했습니다. 하나님께서 크게 부어 주신 은혜를 통해 믿음의 선진들은 각처에 교회를 세우고 복음을 전도하는 일을 게을리하지 않았습니다. 지금의 한국교회는 믿음의 선조가 흘린 수많은 눈물과 헌신으로 세워졌습니다. 이제 우리에게 그 바통이 주어졌습니다. 오늘 공부를 통해 우리를 통해 세우실 교회를 꿈꿔 봅시다.

Connect 말씀 속으로

1 성경이 말하는 교회 개척의 의미는 무엇입니까? (고전 3:6-7)

6 나는 심었고 아볼로는 물을 주었으되 오직 하나님께서 자라나게 하셨나니 7 그런즉 심는 이나 물 주는 이는 아무 것도 아니로되 오직 자라게 하시는 이는 하나님뿐이니라

‣ 하나님께서 주신 각 사람의 은사와 사명에 따라 하나님의 교회를 세워 가는 것

바울은 교회 개척이라는 은사와 사명에 따라 고린도에서 복음을 전하기 시작합니다. 그리고 아볼로는 그 후 고린도에 와서 그의 은사와 사명에 따라 가르침으로써 교회를 세웠습니다. 궁극적으로 교회의 개척과 성장은 하나님께서 행하십니다. 따라서 교회 개척이란, 하나님께서 주신 각자의 은사와 사명에 따라 섬김을 실천할 때 아름답게 세워집니다.

2 교회는 어떻게 세워집니까? (행 14:21-23, 16:40)

행 14:21-23 21 복음을 그 성에서 전하여 많은 사람을 제자로 삼고 루스드라와 이고니온과 안디옥으로 돌아가서 22 제자들의 마음을 굳게 하여 이 믿음에 머물러 있으라 권하고 또 우리가 하나님의 나라에 들어가려면 많은 환난을 겪어야 할 것이라 하고 23 각 교회에서 장로들을 택하여 금식 기도 하며 그들이 믿는 주께 그들을 위탁하고

행 16:40 두 사람이 옥에서 나와 루디아의 집에 들어가서 형제들을 만나 보고 위로하고 가니라

‣ **복음 전파 ⇨ 제자 삼기 ⇨ 재방문하기 ⇨ 믿음 세우기 ⇨ 환난 견디기 ⇨ 지도자 세우기 ⇨ 기도로 위탁 ⇨ 위로 ⇨ 복음 전파**

사도행전 14장 21절은 바울과 바나바가 더베에서 성공적인 사역

을 했음을 기록합니다. 이후 바울과 바나바는 그들이 세운 선교지를 재방문합니다(루스드라, 이고니온, 안디옥). 그리고 그곳에서 제자를 양육합니다. 22절의 "마음을 굳게 하여 이 믿음에 머물러 있으라"라는 말씀은 믿음을 강화시켜 세워 줌을 의미합니다. 그리고 이 믿음과 함께 환난도 오게 됨을 알립니다. 이 부분에서 주목할 점은 신자에게 언제나 고난이 찾아온다는 것입니다. 예수님께서 고난의 여정을 사신 것처럼, 우리에게도 고난은 항상 따라옵니다. 지금도 믿음으로 살기로 결단하는 성도에게는 언제나 고난이 따라올 수 있음을 알아야 합니다. 그러나 고난은 두려워할 것이 아닙니다. 하나님의 은혜로 감당할 수 있기 때문입니다. "그리스도를 위하여 너희에게 은혜를 주신 것은 다만 그를 믿을 뿐 아니라 또한 그를 위하여 고난도 받게 하려 하심이라"(빌 1:29). 은혜를 선물로 받아 누리는 자만이 믿음과 고난의 여정을 걸을 수 있습니다.

그리고 바울과 바나바는 장로(지도자)를 세웁니다. 바울과 바나바가 떠난 이후에도 장로들을 통해 말씀 사역을 지속적으로 감당하게 합니다. 그리고 기도와 금식으로 주님께 이 지도자들을 위탁합니다.

마지막으로 교회는 혈육을 뛰어넘는 영적 형제들로 구성된 위로의 공동체여야 한다는 것입니다. 사도행전 16장 16절 이하에는 바울과 실라가 빌립보에서 점치는 여종의 축귀사역으로 인해 고난을 당하는 장면이 기록되어 있습니다. 그리고 옥의 간수가 주께 돌아옵니다. 그리고 빌립보에서 바울과 실라를 통해 예수님을 믿게 된 루디아의 집에서 믿음의 형제들을 만나 위로를 받고 다시 사역의 현장으로 나아감을 볼 수 있습니다. 이처럼 교회는 믿음으로 고난의 삶을 살아가는 영적 형제들의 위로 공동체여야 합니다. 그러할 때 교회는 세상에 흔들리지 않고 든든히 세워져 나갈 것입니다.

3 분립개척의 사전적인 의미는 무엇입니까?

- **분립 :** 갈라져 따로 섬. 혹은 따로 나누어서 세움.
- **개척 :** 거친 땅을 일구어 논이나 밭과 같이 쓸모 있는 땅으로 만 듦. 혹은 새로운 영역을 처음으로 열어 나감.

➡ 즉 분립개척이란, 척박한 땅에 새로운 교회를 세워 그 땅을 기 경하여 교회가 온전히 설 때까지 모(母) 교회가 인적, 물적 자원 을 투입하는 것을 의미한다.

4 성경에 나타난 분립개척의 형태는 무엇입니까?
(행 8:1, 9:31, 13:1-3)

행 8:1 사울은 그가 죽임 당함을 마땅히 여기더라 그 날에 예루살렘에 있 는 교회에 큰 박해가 있어 사도 외에는 다 유대와 사마리아 모든 땅으로 흩어지니라

행 9:31 그리하여 온 유대와 갈릴리와 사마리아 교회가 평안하여 든든히 서 가고 주를 경외함과 성령의 위로로 진행하여 수가 더 많아지니라

행 13:1-3 **1** 안디옥 교회에 선지자들과 교사들이 있으니 곧 바나바와 니 게르라 하는 시므온과 구레네 사람 루기오와 분봉 왕 헤롯의 젖동생 마나 엔과 및 사울이라 **2** 주를 섬겨 금식할 때에 성령이 이르시되 내가 불러 시키는 일을 위하여 바나바와 사울을 따로 세우라 하시니 **3** 이에 금식하 며 기도하고 두 사람에게 안수하여 보내니라

▸ 흩어지는 교회 / 확장하는 교회

핍박자 사울로 인해 스데반이 순교를 당하고, 예루살렘 교회에 큰 박해가 가해져 예루살렘을 구성하고 있던 많은 가정 교회(행 8:3[1]) 가 타의적으로 모든 땅으로 흩어지게 됩니다. 이것은 사도행전 1장 8절[2]에서 예수님께서 승천 시 제자들에게 말씀하신 내용과 일맥상 통합니다. 흩어지기 시작한 교회는 어떤 모습을 띠고 있습니까? 핍 박으로 인해 흩어진 교회는 얼마나 위태로웠겠습니까? 그런데 사도 행전 9장 31절은 그와 정반대의 기사를 기록합니다. 오히려 평안하 고, 든든히 서 가는 교회의 모습, 주를 경외함과 성령의 위로가 더욱 더 강하게 느껴짐으로 오히려 숫자가 증가하였다고 기록합니다. 교 회는 박해와 어려움을 통해 오히려 내적인 평안함과 성숙이 찾아옵 니다.

그리고 이방인으로 구성된 첫 교회인 안디옥 교회는 성령님께 민 감했습니다. 안디옥 교회의 가장 중요한 핵심 사역자인 바울과 바 나바를 성령께서 원하시니, 따로 세워 선교사로 파송합니다. 그리고 이 두 사람을 통해 더욱 많은 지역으로 복음이 전파되고, 교회가 세 워집니다. 교회는 이런 곳입니다. 사람을 의지하는 것이 아니라, 하 나님이 세워 가시는 곳이 교회입니다. 흩어지는 교회, 즉 분립개척 을 추구할 때 하나님의 일하심, 즉 구원받는 자들의 수가 더욱더 많 아지는 확장성을 보다 더 선명하게 체험할 수 있게 됩니다.

---

1) 사울이 교회를 잔멸할새 각 집에 들어가 남녀를 끌어다가 옥에 넘기니라
2) 오직 성령이 너희에게 임하시면 너희가 권능을 받고 예루살렘과 온 유대와 사마리아와 땅 끝까지 이르러 내 증인이 되리라 하시니라

5 왜 분립개척을 계속해야 합니까?

1) 고립이 아니라 성장과 확산입니다.

개교회주의(잠 14:30) VS 하나님 나라(행 9:31, 15:22)

잠 14:30 평온한 마음은 육신의 생명이나 시기는 뼈를 썩게 하느니라

행 9:31 그리하여 온 유대와 갈릴리와 사마리아 교회가 평안하여 든든히 서 가고 주를 경외함과 성령의 위로로 진행하여 수가 더 많아지니라

행 15:22 이에 사도와 장로와 온 교회가 그 중에서 사람들을 택하여 바울과 바나바와 함께 안디옥으로 보내기를 결정하니 곧 형제 중에 인도자인 바사바라 하는 유다와 실라더라

사도행전은 교회의 확산을 기록하고 있습니다. 예루살렘 교회를 시작으로, 많은 교회가 세워집니다. 이처럼 하나님께서 원하시는 것은 너무나도 선명합니다. 한 교회만의 성장이 아니라, 여러 교회가 세워지고 확산되어 가는 것입니다. 이를 위해서는 교회 안에 개교회주의를 탈피하는 평온한 마음이 필요합니다. 내 교회만 잘되고자 하는 개교회주의에 사로잡히면 다른 교회와 비교를 하게 됩니다. 그러면 흩어지는 교회를 추구하기보다는 자기 교회 중심으로 자기 교회만을 위한 사역을 하게 됩니다. 그런 교회는 하나님께서 흩으실 것입니다. 하지만 자발적으로 흩어진 교회는 각 교회에 나타나는 성령님의 역사하심을 함께 보며 즐거워할 것입니다.

2) 계산이 아니라 계승입니다.

히스기야 (왕하 20:17-19) VS 레갑 자손 (렘 35:18-19)

왕하 20:17-19 **17** 여호와의 말씀이 날이 이르리니 왕궁의 모든 것과 왕의 조상들이 오늘까지 쌓아 두었던 것이 바벨론으로 옮긴 바 되고 하나도 남지 아니할 것이요 **18** 또 왕의 몸에서 날 아들 중에서 사로잡혀 바벨론 왕궁의 환관이 되리라 하셨나이다 하니 **19** 히스기야가 이사야에게 이르되 당신이 전한 바 여호와의 말씀이 선하니이다 하고 또 이르되 만일 내가 사는 날에 태평과 진실이 있을진대 어찌 선하지 아니하리요 하니라

렘 35:18-19 **18** 예레미야가 레갑 사람의 가문에게 이르되 만군의 여호와 이스라엘의 하나님께서 이와 같이 말씀하시기를 너희가 너희 선조 요나답의 명령을 순종하여 그의 모든 규율을 지키며 그가 너희에게 명령한 것을 행하였도다 **19** 그러므로 만군의 여호와 이스라엘의 하나님께서 이와 같이 말씀하시니라 레갑의 아들 요나답에게서 내 앞에 설 사람이 영원히 끊어지지 아니하리라 하시니라

분립개척은 당대를 위함만이 아닌, 후대를 위한 중요한 사역입니다. 히스기야는 남유다 왕국 당대에 개혁을 실행한 신실한 왕이었습니다. 그런데, 그는 결국 교만함으로 말미암아 하나님의 심판의 메시지를 받습니다. 하나님 앞에서의 신실함을 끝까지 지켜 내지 못했던 것입니다. 그는 당대의 태평과 진실에만 만족했습니다. 그 후 그의 아들, 남유다 왕 가운데 가장 악한 므낫세가 등장합니다.

반면, 레갑 가문은 달랐습니다. 그들의 선조 요나답이 지켜 온 신실한 신앙을 계승하고 있었습니다. 그러니, 하나님께서는 다윗 왕조에게만 허락한 복의 말씀(19절)을 이 가문도 받아 누리게 하십니다.

이는 극명히 대조를 이루는 두 가문의 이야기입니다. 우리는 지금을 살아가지만, 미래를 준비해야 합니다. 우리 교회가 건강하다면, 미래를 위해 다른 건강한 교회를 지속적으로 세워 가야 할 것입니다.

3) 기업체가 아니라 공동체입니다.

바벨탑 (창 11:4) VS 초대교회 (고후 8:1-2)

창 11:4 또 말하되 자, 성읍과 탑을 건설하여 그 탑 꼭대기를 하늘에 닿게 하여 우리 이름을 내고 온 지면에 흩어짐을 면하자 하였더니

고후 8:1-2 1 형제들아 하나님께서 마게도냐 교회들에게 주신 은혜를 우리가 너희에게 알리노니 2 환난의 많은 시련 가운데서 그들의 넘치는 기쁨과 극심한 가난이 그들의 풍성한 연보를 넘치도록 하게 하였느니라

모든 교회는 공동체요, 유기체입니다. 그리스도를 머리로 한 하나님의 교회입니다. 따라서 분립개척교회들 역시도 하나님께서 세우신 교회입니다. 교회의 주인이 주님이시기에 우리는 마게도냐의 교회들처럼 다른 교회(당시 예루살렘 교회)의 어려움에 늘 동참해야 합니다. 우리만의 교회라면 여느 기업체처럼 우리만 잘되면 되겠지만, 모든 교회는 하나님의 교회이기에 공동체로서 고난을 함께 이겨 나가야 합니다. 혹 우리 교회도 어려움에 직면할 수 있고, 바로 그때 누군가의 도움이 필요하기에, 모든 교회의 공동체 의식은 참으로 중요합니다. 이와 같은 생각은 자신만의 이름을 내려고 했다가 망한 바벨탑적 사고가 아닌, 모든 교회가 함께 하나님 앞에서 하나 됨을

추구하는 초대교회적 사고입니다.

6 교회가 많은데 분립개척교회가 또 필요합니까?

1) 다음을 조사하여 발표해 봅시다.

① 지난 10년간 한국교회 숫자 변화

분명한 사실은 한국교회 신도 수와 교회 수가 줄어들고 있다는 것입니다. 이에 몇몇 매체를 통해 발표된 통계를 가지고 왔습니다. 2017년 10월 21일 〈국민일보〉에서 "한 해 문 닫는 교회 수 3000" (유영대 기자)이라는 기사를 본 적이 있습니다. 이를 통해 한국교회가 점차 위기 속에 치닫고 있으며, 위기를 극복하기 위해서 건강한 교회를 분립개척하고, 건강한 교제 속에서 성숙한 성도를 세워 나가야 합니다.

예장 합동 교인 통계, 2008-2021년

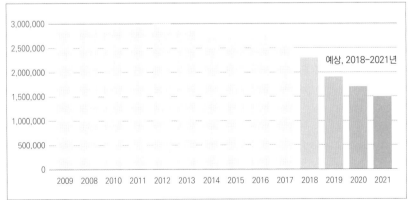

대한예수교장로회 통합 교세 통계 전체 교인 수 집계

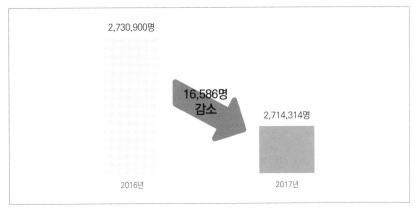

출처 : 대한예수교장로회 통합 총회

기독교대한감리회 2018년도 교세 현황

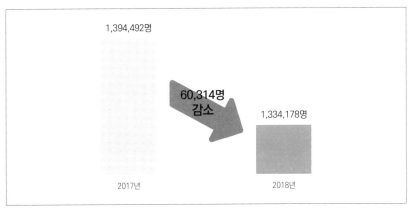

출처 : 기독교대한감리회 선교국

② 현재 한국교회 성도들의 평균 연령

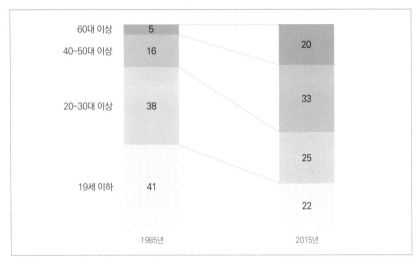

[그림] 개신교 연령별 비중 변화(단위: %)

출처 : 인구선세스 조사, 통계청(2015)

통계청의 인구센서스 조사는 10년에 한 번꼴로 이뤄지고 있습니다. 위 그림은 1985년도와 2015년도의 개신교 연령별 비중의 변화를 보여 줍니다. 뚜렷한 것은 30대 이하는 줄어들고 있는 반면, 50대 이상은 늘어나고 있다는 것입니다. 이는 교회가 우리나라의 저출산과 고령화 문제를 고스란히 안고 있다고 볼 수 있습니다. 이런 부분에서 한국교회가 특별한 변화를 모색하지 않는다면, 앞으로 큰 어려움에 봉착할 것입니다.

2) 새로운 시대가 새로운 교회를 요청합니다.

① 요즘 등장하는 새로운 교회의 모습을 찾아봅시다.

급변하는 시대 속에서 본질은 붙들어야 하지만, 본질을 담는 그릇은 시대에 따라 언제나 변할 수 있습니다.

② 이와 같은 교회의 변화 모습을 어떻게 생각하는지 나누어 봅시다.

교회가 변화를 추구하는 가장 중요한 이유는 한 영혼을 구원하기 위해서입니다. 그런데 이것을 기존의 성도와 어떻게 조화를 이루느냐가 관건입니다. 교회는 결코 교회 안의 성도들만을 위한 교회가 되어서는 안 됩니다. 교인은 흩어짐을 추구해야 하고, 흩어짐 속에 전도된 영혼들을 교회 안에서 어떻게 정착시키고, 함께 성장해 가야 할지에 대한 숙고와 노력이 필요합니다.

7 분립개척교회를 시작하기 위한 네 가지 단계를 생각해 봅시다.

1) 담임목회자와 성도 사이에 비전 공유가 중요합니다. 어떤 비전을 공유해야 할지 한 문장으로 표현해 봅시다. (성도로서 기대하는 비전을 작성해 보세요.)

성도들이 그리는 비전이 무엇인가를 살펴보는 시간을 가집시다. 성도들의 비전을 들으며, 그것이 성경적이라면 함께 동의하고, 성경적이지 않다면 교정해 주는 시간을 가지면 좋겠습니다.

2) 분립개척위원회를 조직해야 합니다. 성도로서 기대하는 분립 개척교회 목회자상을 적어 봅시다.

 분립개척위원회는 담임목회자뿐만이 아니라, 함께 동역할 평신도 그룹도 참으로 중요합니다. 그 개척멤버들이 생각하고 그리는 목회 자상을 들어 보는 시간을 가집시다. 성도는 목회자에게 어떤 성품과 은사 등을 기대하는지 들어 보며 자신에게도 적용해 보는 시간을 가 지면 좋겠습니다.

  ① 성품
  ② 은사
  ③ 기타

3) 분립개척교회를 세우기 위해서는 모든 준비 과정 가운데 정기 적인 기도 모임이 가장 중요합니다. 왜 그럴까요? 사도행전 말 씀을 중심으로 살펴봅시다.

  ① 1:14

  14 여자들과 예수의 어머니 마리아와 예수의 아우들과 더불어 마음을 같 이하여 오로지 기도에 힘쓰더라

▶ 가장 강력한 응답의 도구 – 기도

사도들과 예수님의 가족, 그리고 여인들을 포함한 120명의 제자가 같은 장소에 모여서 한마음으로 기도하기 시작합니다. 성경은 그 모습을 "오로지 기도에 힘썼다"(프로스칼텔레오)라고 표현합니다. 이 단어는 사도행전에서 사도들과 초대교회의 기도를 묘사하는 데 계속 사용됩니다. 이 표현은 생명을 다해, 혼신의 힘을 다해 기도하는 일에 전념했음을 알려 줍니다. 오직 전력을 다하는 기도만이 모든 일의 시작이요, 과정이요, 끝이어야 합니다.

② 2:42

42 그들이 사도의 가르침을 받아 서로 교제하고 떡을 떼며 오로지 기도하기를 힘쓰니라

▶ 개척의 승부 – 기도

본문은 베드로의 설교로 인해 3천 명이 주께 돌아오는 예루살렘교회의 개척기를 보여 줍니다. 그들은 위에서 언급한 1장 14절의 모습과 동일하게 오로지 기도하기를 힘씁니다. 이것은 무엇을 뜻합니까? 120명의 제자였을 때 헌신적으로 기도했던 그들이 교인이 3천 명이 되었을 때 역시 힘썼다는 것입니다. 교회의 숫자 부흥은 기도하는 사람의 부흥이 되어야 합니다. 기도는 교인 수를 늘리는 수단이 아니라, 교회의 본질적인 모습입니다. 모든 교인은 하나님 나라의 확장을 위해 헌신적으로 기도해야 합니다.

③ 12:5

5 이에 베드로는 옥에 갇혔고 교회는 그를 위하여 간절히 하나님께 기도하더라

▸ 기적의 역사 – 기도

　사도 베드로가 투옥됩니다. 이에 예루살렘 교회는 베드로의 석방을 위해서 간절히 기도합니다. 여기서 간절히 기도하는 모습을 표현한 단어는 예수님의 겟세마네 동산에서의 기도를 표현한 것과 같은 헬라어 단어(엑테네이스)를 사용합니다(눅 22:44[3]). 초대교회 성도의 기도가 바로 예수님의 기도를 닮아 있음을 알 수 있습니다. 이와 같은 기도의 결과, 베드로가 극적인 방법으로 구출됩니다. 하나님의 기적을 낳는 것은 간절한 기도가 쌓일 때입니다.

④ 20:36

36 이 말을 한 후 무릎을 꿇고 그 모든 사람들과 함께 기도하니

---

3) 예수께서 힘쓰고 애써 더욱 간절히 기도하시니 땀이 땅에 떨어지는 핏방울 같이 되더라

▸ 세움과 보호 – 기도

위 구절은 에베소 교회에서 사도 바울의 마지막 설교 후 기록된 본문입니다. 이 기도의 내용은 정확히 기록되어 있지는 않지만, 설교의 내용을 통해서 유추해 본다면, 에베소 교회 장로들의 목양을 위해, 그리고 이단자들로부터의 보호에 대한 내용입니다. 이처럼 기도는 사람을 세우며, 교회를 지키는 가장 중요한 수단입니다. 분립개척교회의 가장 중요한 성공의 열쇠는 바로 기도에 있습니다. 따라서 개척 전, 생명을 다하는 전력의 기도가 무엇보다 중요합니다.

4) 분립개척을 할 때는 지역에 맞는 전략을 함께 세워야 합니다. 왜 그럴까요? 다음의 성경 구절에서 그 이유를 찾아봅시다.

① 고린도전서 9:19-23

19 내가 모든 사람에게서 자유로우나 스스로 모든 사람에게 종이 된 것은 더 많은 사람을 얻고자 함이라 20 유대인들에게 내가 유대인과 같이 된 것은 유대인들을 얻고자 함이요 율법 아래에 있는 자들에게는 내가 율법 아래에 있지 아니하나 율법 아래에 있는 자 같이 된 것은 율법 아래에 있는 자들을 얻고자 함이요 21 율법 없는 자에게는 내가 하나님께는 율법 없는 자가 아니요 도리어 그리스도의 율법 아래에 있는 자이나 율법 없는 자와 같이 된 것은 율법 없는 자들을 얻고자 함이라 22 약한 자들에게 내가 약한 자와 같이 된 것은 약한 자들을 얻고자 함이요 내가 여러 사람에게 여러 모습이 된 것은 아무쪼록 몇 사람이라도 구원하고자 함이니 23 내가 복음을 위하여 모든 것을 행함은 복음에 참여하고자 함이라

‣ 효과적인 복음 전파와 교회를 세움

우리는 복음에 빚진 자입니다. 우리가 먼저 복음을 받아들인 것은 주의 크신 은혜로, 이제는 그 복음을 전파하여 복음의 빚을 갚는 자의 삶을 살아야 합니다. 우리는 바울처럼 하나님의 은혜에 빚진 자입니다(롬 1:14[4]). 그런데 이 복음을 전하는 자에게는 무엇보다 지혜가 필요합니다. 복음을 만날 준비가 되지 않은 사람에게 억지로 무례하게 복음을 전하면(고전 13:5a[5]), 마음을 닫을 수가 있습니다. 이에 사도 바울은 복음을 전할 때 자신을 철저히 그 상황에 맞춰 복음을 효과적으로 전했습니다. 따라서 분립개척을 할 때 그 지역의 문화와 상황, 환경에 맞춰 교회의 전략을 세우고, 복음을 지혜롭게 전할 수 있어야 합니다.

8 분립개척교회를 어떻게 지원할 수 있습니까?

1) 중보기도 하기 (막 9:29).

29 이르시되 기도 외에 다른 것으로는 이런 종류가 나갈 수 없느니라 하시니라

---

4) 헬라인이나 야만인이나 지혜 있는 자나 어리석은 자에게 다 내가 빚진 자라
5) 무례히 행하지 아니하며

위 본문은 예수님께서 믿음 없는 제자들을 책망하시는 장면 속에서 등장하는 말씀입니다. 믿음이 없어 귀신을 내쫓지 못한 제자들을 향해 예수님께서는 오직 기도로 말미암은 믿음이 그것을 가능하게 함을 말씀해 주십니다. 이를 통해 우리는 믿음의 기도의 위력을 발견합니다. 분립개척교회는 그 지역을 사로잡고 있는 강퍅한 영적 세력에 대한 선전포고입니다. 악한 세력은 발악하며 저항할 것입니다. 하지만 예수님께서 가르쳐 주신 믿음의 기도가 있다면, 그 지역의 영적 지배권은 이미 그 교회에게 있는 것입니다. 이것을 믿고, 분립개척 전에 믿음의 기도를 계속 쌓아 올린다면, 분립개척교회는 반드시 그 지역에서 승리하게 될 것입니다.

2) 개척 선교사로 헌신하기, 다양한 봉사 영역에 헌신하기
   (롬 12:6-8; 벧전 4:10).

롬 12:6-8 **6** 우리에게 주신 은혜대로 받은 은사가 각각 다르니 혹 예언이면 믿음의 분수대로, **7** 혹 섬기는 일이면 섬기는 일로, 혹 가르치는 자면 가르치는 일로, **8** 혹 위로하는 자면 위로하는 일로, 구제하는 자는 성실함으로, 다스리는 자는 부지런함으로, 긍휼을 베푸는 자는 즐거움으로 할 것이니라

벧전 4:10 각각 은사를 받은 대로 하나님의 여러 가지 은혜를 맡은 선한 청지기 같이 서로 봉사하라

하나님께서는 각 사람에게 은사를 주셨습니다. 하나님께서는 그 은사를 통해 몸 된 교회를 섬기길 원하십니다. 그러할 때 영적인 큰

기쁨을 맛보게 됩니다. 그런데 중요한 것은 분립개척교회가 세워진 다는 소식을 들었을 때, 개척 선교사로 헌신하고자 하는 마음이 있는지 점검해 보는 것입니다. 이 부르심을 하나님 앞에 확인한 후, 이제 나에게 주신 은사를 통해서 교회에 봉사하며 헌신하는 것입니다. 이러할 때 교회의 각 지체로서의 기능을 하며 몸 된 교회를 세우는 기쁨을 누리게 될 것입니다.

3) 분립개척교회 소식을 함께 공유하기 (롬 15:26).

26 이는 마게도냐와 아가야 사람들이 예루살렘 성도 중 가난한 자들을 위하여 기쁘게 얼마를 연보하였음이라

이 서신서가 기록될 당시에 예루살렘 교회에 어려움이 찾아온 것으로 보입니다. 이에 사도 바울은 마게도냐와 아가야 사람들(각각 헬라의 북쪽과 남쪽에 있는 교회들)이 기쁨으로 예루살렘 교회를 위해 헌금을 하였다고 합니다. 이를 통해서 당시 교회 간에 정보가 빠르게 공유가 되었고, 또 그 정보 가운데 어려움을 겪고 있는 교회가 있다면 그 어려움을 채우기 위해서 다른 교회들이 힘을 합한 모습을 보게 됩니다. 분립개척교회가 세워진 이후, 교회의 기쁨과 어려움을 함께 나누며 함께 울고 함께 웃을 수 있다면, 그것이 진정한 교회의 모습일 것입니다.

만약 귀 교회에서 시작된 분립개척교회가 있다면, 그곳을 담임하는 목회
자를 방문합시다. 가능하다면 평일 예배 시간이 좋습니다. 방문하고 나
서 소감문을 간단히 적어 봅시다.

마무리

1. 인도자는 오늘 배운 내용에 대해서 간략하게 정리한 후, 훈련생 개인의
   삶에 적용, 도전을 주며 통성기도를 이끌어 갑니다.

2. 마침 기도는 훈련생이 하도록 합니다. 마침 기도에 대해 미리 마음의
   준비를 해 올 수 있도록, 한 주 전에 정해서 알려 주도록 합니다.

Memo

3과

그리스도를 증거하는 삶

❷ 총무는 "내 영혼의 거울"(개인별 점검표)을 취합하여 반별 점검표를 작성한 후 과제물과 함께 목회자에게 제출

❸ 목회자는 모임 전에 미리 "내 영혼의 거울" 및 항목별 과제 점검

❹ 모임 시작 전, 각 개인의 영성생활을 점검해 주는 코멘트를 반드시 해 주시길 바랍니다.

1. 찬양

2. 합심기도

1) 지난 한 주간을 돌아보며, 회개의 시간을 가집니다.

2) 성령 하나님을 초청, 모임 가운데 충만하게 임재하여 달라고 간구합니다.

3) 제자훈련을 위한 분명한 소명과 은혜를 위해 기도합니다.

4) 인도자가 대표기도로 마무리를 하고 모임을 시작합니다.

3. 암송 시험

1) 한 명씩 돌아가며 제시된 두 구절을 외우도록 합니다.

① 내가 복음을 부끄러워하지 아니하노니 이 복음은 모든 믿는 자에게 구원을 주시는 하나님의 능력이 됨이라 먼저는 유대인에게요 그리고 헬라인에게로다 롬 1:16

② 이같이 너희 빛이 사람 앞에 비치게 하여 그들로 너희 착한 행실을 보고 하늘에 계신 너희 아버지께 영광을 돌리게 하라 마 5:16

4. 과제 점검

1) "내 영혼의 거울" 중심으로 과제를 점검합니다.

2) 각 훈련생마다 영적생활을 점검해 줍니다. 잘한 부분은 칭찬, 부족한 부분은 잘할 수 있도록 동기부여를 해 줍니다.

5. 삶 나눔 및 생활숙제 나눔

1) 지난 한 주 동안 있었던 즐거웠던 일, 슬펐던 일 등 한 주간의 이슈를 나눕니다.

※ 슬프거나 안타까운 일을 들었을 때, 성령님의 인도하심에 따라 바로 합심기도를 해도 좋겠습니다.

2) 지난 주 과제였던 생활숙제 나눔을 가집니다.

6. Q.T 나눔

1) 정해진 본문을 묵상해 온 것을 함께 돌아가며 나누도록 합니다.

2) 시간을 고려하여 정해진 몇 명만 나눠도 괜찮습니다. 다음 주에는 나누는 인원이 겹치지 않고 골고루 나눌 수 있도록 유도합니다.

제자훈련생 모두는 예수 그리스도를 만난 경험이 있기에 이 자리에 있을 것입니다. 그때 내가 주님을 찾아서 주님이 나와 만나 주신 것 같지만, 사실 그분이 나를 먼저 찾아와 주셨음을 기억해야 합니다. 그리고 주님께서는 나와 만나기 위해 누군가를 사용해 나에게 복음을 전해 주셨습니다. 이제는 내가 천하보다 귀한, 믿지 않는 한 영혼이 주님을 만날 수 있는 중개자 역할을 해야 할 것입니다. 이 일을 어떻게 이뤄 갈 수 있는지 복음에 대해 공부하며, 복음 전하는 자로 살아가겠다고 결단하는 시간이 되길 원합니다.

Connect   말씀 속으로

1 예수님은 제자들을 부르셨습니다. 그리고 그들을 세상에 보내셨습니다. 누가복음 9장 1-6절을 읽어 봅시다.

1 예수께서 열두 제자를 불러 모으사 모든 귀신을 제어하며 병을 고치는 능력과 권위를 주시고 2 하나님의 나라를 전파하며 앓는 자를 고치게 하려고 내보내시며 3 이르시되 여행을 위하여 아무 것도 가지지 말라 지팡이나 배낭이나 양식이나 돈이나 두 벌 옷을 가지지 말며

4 어느 집에 들어가든지 거기서 머물다가 거기서 떠나라 **5** 누구든지 너희를 영접하지 아니하거든 그 성에서 떠날 때에 너희 발에서 먼지를 떨어버려 그들에게 증거를 삼으라 하시니 **6** 제자들이 나가 각 마을에 두루 다니며 곳곳에 복음을 전하며 병을 고치더라

1) 제자들을 보내시며, 그들에게 무엇을 주셨습니까? (1절; 참고. 고전 2:4; 요 1:12)

눅9:1 예수께서 열두 제자를 불러 모으사 모든 귀신을 제어하며 병을 고치는 능력과 권위를 주시고

고전 2:4 내 말과 내 전도함이 설득력 있는 지혜의 말로 하지 아니하고 다만 성령의 나타나심과 능력으로 하여

요 1:12 영접하는 자 곧 그 이름을 믿는 자들에게는 하나님의 자녀가 되는 권세를 주셨으니

▸ **모든 귀신을 제어, 치유의 능력과 권위(권세)**

이것은 예수님께서 친히 가지고 계신 능력과 권세입니다. 이것을 제자들에게 나눠 주겠다고 말씀하십니다. 이 두 능력은 하나님 나라 능력의 실재를 보여 주는 것들입니다. 하나님의 나라가 임하면 귀신이 내쫓기고, 병이 치유됩니다. 그런데 이 모든 능력은 예수님이 주신 것으로, 그 주체가 하나님이십니다. 그러하기에 사도 바울 역시 구원의 능력이 자신에게 있지 아니하고 철저히 자신 안에 계신 성령 하나님께 있음을 고백합니다. 그런데 이 권세는 예수님을 영접한 하

나님의 자녀에게도 동일하게 주어집니다.

2) 왜 제자들을 보내셨습니까? (2, 6절; 행 26:16)

눅 9:2 하나님의 나라를 전파하며 앓는 자를 고치게 하려고 내보내시며

눅 9:6 제자들이 나가 각 마을에 두루 다니며 곳곳에 복음을 전하며 병을 고치더라

행 26:16 일어나 너의 발로 서라 내가 네게 나타난 것은 곧 네가 나를 본 일과 장차 내가 네게 나타날 일에 너로 종과 증인을 삼으려 함이니

‣ 복음을 전파하기 위해서

예수님이 귀신을 제압하고, 병을 고치는 능력을 제자들에게 주신 것은 오직 복음을 전파하는 데 사용되도록 하기 위해서였습니다. 예수님은 이제 제자들에게 복음 사역을 가르치길 원하시며, 승천 이후에도 제자들로 이 복음 사역을 계속 감당하게 하시길 원하십니다. 이것은 제자들뿐만이 아니라, 나중에 사도로 부르심은 받은 바울에게도 여전히 계승, 발전됩니다. 바울도 역시 축귀와 치유의 능력을 가지고, 이방인에게 복음을 전합니다.

3) 하나님께 파송 받은 자의 자세는 어떠해야 합니까?
(3절; 눅 22:35-36; 롬 1:16)

눅 9:3 이르시되 여행을 위하여 아무 것도 가지지 말라 지팡이나 배낭이나 양식이나 돈이나 두 벌 옷을 가지지 말며

눅 22:35-36 35 그들에게 이르시되 내가 너희를 전대와 배낭과 신발도 없이 보내었을 때에 부족한 것이 있더냐 이르되 없었나이다 **36** 이르시되 이제는 전대 있는 자는 가질 것이요 배낭도 그리하고 검 없는 자는 겉옷을 팔아 살지어다

롬 1:16 내가 복음을 부끄러워하지 아니하노니 이 복음은 모든 믿는 자에게 구원을 주시는 하나님의 능력이 됨이라 먼저는 유대인에게요 그리고 헬라인에게로다

▸ **전적의지, 확신, 대비, 담대함**

누가복음 9장을 보면 제자들은 전도 여행 시 여행자에게 기본이 되는 필수품을 하나도 가지고 갈 수가 없었습니다. 오직 복음 전도를 받은 사람들의 대접에만 의존해야 합니다(눅 9:4). 그 집의 생활 수준에 맞춰서 잠을 자며 생활을 해야 합니다. 예수님께서는 철저하게 하나님만을 의지하며 살아가는 법을 체득하길 원하셨습니다.

그 후 누가복음 22장에서는 예수님의 십자가 사건 바로 전에 제자들에게 9장의 체험을 떠올리게 하십니다. 그리고 제자들은 오직 복음을 위해 헌신했을 때 조금도 부족함이 없었다고 고백합니다. 그것을 확인하신 후, 이제는 필요한 것을 가지라고 말씀하십니다. 그 이유가 무엇입니까? 이제 새로운 환경이 제자들을 기다리고 있을 것을

암시합니다. 당시 밤에 추위를 견디기 위한 필수품은 겉옷입니다. 그런데 그 겉옷을 팔아 검을 사야 할 정도로 복음에 적대적인 시대가 다가옴을 알려 주십니다. 따라서 예수님은 제자들에게 그런 시대를 대비해야 할 것을 말씀하십니다. 실제 사도행전에 기록된 제자들의 삶은 어떠했습니까? 그리스도를 믿는다는 이유로 결박을 당하고, 죽임을 당하는 일이 벌어졌습니다. 그런데, 사도들은 결코 복음을 부끄러워하지 않았습니다. 그들은 어디를 가나, 복음을 담대히 증거했고 사람이 아닌, 하나님만을 두려워하는 자들이 되었습니다.

4) 하나님은 우리도 부르셨습니다. 무엇을 위해 부르셨습니까?
   (고후 5:18)

18 모든 것이 하나님께로서 났으며 그가 그리스도로 말미암아 우리를 자기와 화목하게 하시고 또 우리에게 화목하게 하는 직분을 주셨으니

▸ **세상에 하나님의 화해(화목)의 메시지를 알리기 위해서**

사도 바울이 선교 활동을 하는 이유는 인간에게 하나님의 화해의 메시지를 알리기 위함입니다. 하나님 아버지께서는 이미 예수 그리스도를 통해 이것을 선포하셨습니다. 이제 바울은 이것을 알리기 위한 직분(봉사, 디아코니아)으로 선교(전도)를 합니다. 이제 주님은 이 화해의 메시지를 이미 들은 우리 모두가 함께 이 일에 동참하길 원하십니다.

2 복음 전파는 예수님이 우리에게 맡기신 지상명령(마 28:19-20)입니다. 복음을 전해야 하는 이유는 무엇입니까? 고린도전서 9장 16-17절을 읽어 보세요.

> **마 28:19-20** **19** 그러므로 너희는 가서 모든 민족을 제자로 삼아 아버지와 아들과 성령의 이름으로 세례를 베풀고 **20** 내가 너희에게 분부한 모든 것을 가르쳐 지키게 하라 볼지어다 내가 세상 끝날까지 너희와 항상 함께 있으리라 하시니라
>
> **고전 9:16-17** **16** 내가 복음을 전할지라도 자랑할 것이 없음은 내가 부득불 할 일임이라 만일 복음을 전하지 아니하면 내게 화가 있을 것이로다 **17** 내가 내 자의로 이것을 행하면 상을 얻으려니와 내가 자의로 아니한다 할지라도 나는 사명을 받았노라

1) 9:16a (참고. 갈 6:14)

> **고전 9:16a** 내가 복음을 전할지라도 자랑할 것이 없음은 내가 부득불 할 일임이라
>
> **갈 6:14** 그러나 내게는 우리 주 예수 그리스도의 십자가 외에 결코 자랑할 것이 없으니 그리스도로 말미암아 세상이 나를 대하여 십자가에 못 박히고 내가 또한 세상을 대하여 그러하니라

▸ **복음 전파는 '부득불 할 일'이며 복음만이 자랑이기에**

사도 바울은 복음을 전해야 하는 이유를 자신의 '부득불 할 일'이

라고 표현합니다. 사도 바울은 당시 헬라의 이교도적 세계관이나 가치관이 깊이 밴 어휘들을 피하는 경향이 있었습니다. 그런데 헬라 사상에서 중요하게 언급된 '부득불 할 일'이라는 단어를 사용한 이유는 무엇입니까? 그것은 자신이 복음 전하는 것이 태어날 때부터 정해진 운명이라 여기며, 진지하고 깊게 받아들이고 있는 것입니다.

그런데 사도 바울은 결코 이 복음 전함을 자신의 공로로 여기지 않았습니다. 왜냐하면, 그것은 값없이 주신 선물이기 때문입니다. 그러하기에 자신의 공로와 자랑으로 삼지 아니하고, 오직 예수 그리스도만을 자랑합니다. 예수 그리스도를 자랑한다는 것은 복음 때문에 의기양양하고, 확신에 찬 상태로 복음을 전하는 것을 말합니다.

2) 9:16b (참고. 행 20:26-27)

고전 9:16b 만일 복음을 전하지 아니하면 내게 화가 있을 것이로다

행 20:26-27 26 그러므로 오늘 여러분에게 증언하거니와 모든 사람의 피에 대하여 내가 깨끗하니 27 이는 내가 꺼리지 않고 하나님의 뜻을 다 여러분에게 전하였음이라

▸ 화(禍)를 면하기 위해

성경은 복음을 받은 자가 복음을 전하지 않으면 화를 입는다고 기록되어 있습니다. 하나님의 뜻대로 살지 않는 인류의 삶은 화로 나아갑니다. 복음을 선포하는 것은 선택이 아니라 필수입니다. 이것은 하나님께서 기뻐하시고 우리를 통해 전하고자 하시는 것이 무엇인

지를 분명하게 드러냅니다. 우리는 결코 복음 전파를 소홀히 해서는 안 됩니다.

3) 9:17a (참고. 행 16:6)

> **고전 9:17a** 내가 내 자의로 이것을 행하면 상을 얻으려니와
> **행 16:6** 성령이 아시아에서 말씀을 전하지 못하게 하시거늘 그들이 브루기아와 갈라디아 땅으로 다녀가

‣ 성령께서 원하시기에

바울은 자의로 복음을 전하지 않았습니다. 오직 성령의 인도하심에 따라 복음을 전했습니다. 이를 통해 성령 하나님께서는 복음을 필요로 하는 곳을 정확히 아시며, 그곳으로 사도 바울을 이끌어 복음을 전하게 하셨습니다. 복음을 전해야 하는 이유는 성령께서 그것을 원하시기 때문입니다.

또한 '상을 얻는다'는 표현은 '보수를 받는다'는 뜻입니다. 사도 바울은 이 표현을 통해 자신이 노동자로 부르심을 받은 것이 아니라, 예수 그리스도의 종으로서 부르심을 받았기에 결코 보수를 요구할 수 없다고 말합니다. 우리 역시도 어떤 대가를 바라는 것이 아니라, 오직 우리를 부르신 성령 하나님께서 원하시는 대로 복음 전파의 삶을 감당해야 합니다.

4) 9:17b (참고. 행 20:24)

고전 9:17b 내가 자의로 아니한다 할지라도 나는 사명을 받았노라

행 20:24 내가 달려갈 길과 주 예수께 받은 사명 곧 하나님의 은혜의 복음을 증언하는 일을 마치려 함에는 나의 생명조차 조금도 귀한 것으로 여기지 아니하노라

▸ 복음의 경영자(사명자)로 부여받았기에

사도 바울은 자신이 받은 사도직을 사명, 곧 직분(오이코노미아)이라고 말합니다. 이 단어는 보통 노예나 노예 신분에서 해방된 자들이 계속 주인집의 살림을 담당할 때 그 직분을 뜻합니다. 바울은 이 개념을 가지고 와서 자신이 사도직을 가지고 복음을 전파하고 있음을 드러냅니다. 사도 바울은 자신에게 주신 이 복음 전파의 사명을 위해 자신의 목숨조차 아낌없이 드리고자 합니다. 사도 바울은 이 일에 대한 영광을 깨달았던 것입니다.

3 예수 그리스도를 증거하는 삶은 단순히 말에 있지 않습니다. 우리 삶 속에서 구체적인 모습으로 드러나야 합니다. 다음 구절을 보며 생각해 봅시다.

1) 마태복음 5:16

> **16** 이같이 너희 빛이 사람 앞에 비치게 하여 그들로 너희 착한 행실을 보고 하늘에 계신 너희 아버지께 영광을 돌리게 하라

▶ 복음을 담은 착한 행실

우리는 빛으로 부르심을 받았습니다. 빛은 캄캄한 곳에서 자연스럽게 드러납니다. 어두운 세상에서 그리스도인의 빛 된 정체성은 착한 행실로 드러납니다. 세상은 그리스도인의 선행을 통해 하나님을 보게 됩니다. 이것이 곧 하나님께 영광이 되는 삶인 것입니다. 그러나 단순한 선행은 옳지 않습니다. 반드시 복음을 담아야 합니다. 그러할 때, 세상은 우리의 선행에 담긴 진정한 복음을 경험하게 될 것입니다.

2) 베드로전서 3:14-16

> **14** 그러나 의를 위하여 고난을 받으면 복 있는 자니 그들이 두려워하는 것을 두려워하지 말며 근심하지 말고

15 너희 마음에 그리스도를 주로 삼아 거룩하게 하고 너희 속에 있는 소
망에 관한 이유를 묻는 자에게는 대답할 것을 항상 준비하되 온유와 두려
움으로 하고 16 선한 양심을 가지라 이는 그리스도 안에 있는 너희의 선
행을 욕하는 자들로 그 비방하는 일에 부끄러움을 당하게 하려 함이라

▸ 삶과 입술의 준비

　베드로가 살았던 시대는 그리스도인들이 잡혀 옥에 갇히고, 박해
를 당하고, 죽임까지 당하였습니다. 그래서 세상 사람들은 그리스도
인들이 당하는 것들을 두려워했습니다. 하지만 베드로는 진정한 두
려움은 사람에게 있는 것이 아니라, 하나님께 있다는 사실을 알았습
니다. 우리의 육을 죽이는 자를 두려워하는 것이 아니라, 육과 영혼
까지도 멸하실 수 있는 하나님을 두려워하는 것이 진짜 두려움이기
때문에 그렇습니다(마 10:28[6]). 이런 하나님을 경외하는 마음을 가
지고 살아가는 자들은 그의 중심에 언제나 그리스도가 주로 계시며,
그분과 끊임없는 연합의 삶으로 거룩하게 되어 갑니다. 이렇게 세상
사람들과는 다른 삶을 살아가는 당시 그리스도인들에게 세상 사람
들은 소망에 관해 물어 옵니다. 어떻게 그렇게 믿음을 지킬 수 있는
지 궁금해했습니다. 그러할 때, 삶으로 준비된 믿음의 선조들은 예
수 그리스도의 죽으심과 부활, 즉 복음에 대해 담대히 증거하였습니
다. 세상 사람들은 그들의 말과 신앙의 일치를 잘 알았기에, 그들의

---

6) 몸은 죽여도 영혼은 능히 죽이지 못하는 자들을 두려워하지 말고 오직 몸과 영혼을 능히 지옥에 멸하실
　수 있는 이를 두려워하라

선포를 인정할 수밖에 없었던 것입니다. 오늘날에도 이와 같은 말과 삶의 일치가 참으로 중요합니다. 핍박의 시대, 고난의 시대에 오히려 믿음의 선조들은 불굴의 신앙을 드러냈습니다. 이제 우리에게 있는 이 신앙의 자유를 가지고, 복음을 변증할 수 있는 삶과 담대히 전할 수 있는 입술의 준비가 필요합니다.

3) 요한복음 13:34-35

> **34** 새 계명을 너희에게 주노니 서로 사랑하라 내가 너희를 사랑한 것 같이 너희도 서로 사랑하라 **35** 너희가 서로 사랑하면 이로써 모든 사람이 너희가 내 제자인 줄 알리라

▸ 서로 사랑

이 말씀 구절은 서로 높아지고자 하는 제자들을 향한 예수님의 말씀입니다. 서로 사랑한다는 것은 예수님께서 친히 제자들의 발을 씻기심으로 보여 주신 서로에게 종노릇하는 사랑입니다. 서로의 발을 씻겨 주며 잠재적 경쟁자를 사랑하라는 것이 새 계명의 의미입니다. 또래를 사랑하고, 동료를 사랑하는 것이 그만큼 어렵다는 것입니다. 이것은 속한 공동체에서 경쟁의식과 비교 의식을 버리고 예수님의 사랑처럼 서로 사랑할 때, 세상 사람들은 그들로 예수님의 제자 됨을 알게 될 것이라고 말씀하십니다.

4 하나님이 당신을 보내신 곳은 어디입니까? 지금 복음을 증거하기 원하는 사람이 있다면 그 사람에 대해 함께 나누고, 복음을 전하기로 결단하며, 그 영혼을 위해 합심해 기도합시다.

나의 관계들을 정리해 봅시다. 그리고 그 가운데 복음을 아는 사람들과 아직 모르는 사람들을 구분해 봅시다. 그리고 복음을 들어야 할 사람을 정하여, 그 사람에게 복음을 전할 것을 결단하며 구체적으로 실천해 봅시다. 함께 나눈 영혼들을 위해 중보하며 모임을 마무리합시다.

Transform 세상 속으로

아직 예수 그리스도를 모르는 주변 사람들을 생각해 봅시다. 그리고 3주 동안 '전도 미션 티(TEA) 캠페인'에 참여해 예수 그리스도를 증거합시다.

이번 주차 공부를 통해 올 한 해 최소 3명에게 복음을 전할 것을 결단해 봅시다. 그리고 증거해 봅시다. 올 한 해를 시작으로 복음 전도자의 삶을 살아가기로 결단해 봅시다.

1주차	Target(목표) : 전도 대상자 결정		
	이름 적기 (최소 3명 이상)	①	
		②	
		③	
2주차	Eat(식사) : 전도대상자와 교제		
	진행 상황	①	
		②	
		③	
3주차	Act(행동) : 전도 대상자에게 복음 전하기		
	진행 상황	①	
		②	
		③	

마무리

1. 인도자는 오늘 배운 내용에 대해서 간략하게 정리한 후, 훈련생 개인의 삶에 적용, 도전을 주며 통성기도를 이끌어 갑니다.

2. 마침 기도는 훈련생이 하도록 합니다. 마침 기도에 대해 미리 마음의 준비를 해 올 수 있도록, 한 주 전에 정해서 알려 주도록 합니다.

Memo

4과

성령 충만과 성령의 은사

모임을 시작하기 전,	❶ 과제물과 "내 영혼의 거울"(개인별 점검표)을 모임 하루 전까지 총무에게 카톡 또는 메일로 제출할 수 있도록 사전에 공지

❷ 총무는 "내 영혼의 거울"(개인별 점검표)을 취합하여 반별 점검표를 작성한 후 과제물과 함께 목회자에게 제출

❸ 목회자는 모임 전에 미리 "내 영혼의 거울" 및 항목별 과제 점검

❹ 모임 시작 전, 각 개인의 영성생활을 점검해 주는 코멘트를 반드시 해 주시길 바랍니다.

1. 찬양

2. 합심기도

1) 지난 한 주간을 돌아보며, 회개의 시간을 가집니다.

2) 성령 하나님을 초청, 모임 가운데 충만하게 임재하여 달라고 간구합니다.

3) 제자훈련을 위한 분명한 소명과 은혜를 위해 기도합니다.

4) 인도자가 대표기도로 마무리를 하고 모임을 시작합니다.

3. 암송 시험

1) 한 명씩 돌아가며 제시된 두 구절을 외우도록 합니다.

① 너희가 악할지라도 좋은 것을 자식에게 줄 줄 알거든 하물며 너희 하늘 아버지께서 구하는 자에게 성령을 주시지 않겠느냐 하시니라 `눅 11:13`

② 그러므로 너희도 영적인 것을 사모하는 자인즉 교회의 덕을 세우기 위하여 그것이 풍성하기를 구하라 `고전 14:12`

4. 과제 점검

1) "내 영혼의 거울" 중심으로 과제를 점검합니다.

2) 각 훈련생마다 영적생활을 점검해 줍니다. 잘한 부분은 칭찬, 부족한 부분은 잘할 수 있도록 동기부여를 해 줍니다.

5. 삶 나눔 및 생활숙제 나눔

1) 지난 한 주 동안 있었던 즐거웠던 일, 슬펐던 일 등 한 주간의 이슈를 나눕니다.

　※ 슬프거나 안타까운 일을 들었을 때, 성령님의 인도하심에 따라 바로 합심기도를 해도 좋겠습니다.

2) 지난 주 과제였던 생활숙제 나눔을 가집니다.

6. Q.T 나눔

1) 정해진 본문을 묵상해 온 것을 함께 돌아가며 나누도록 합니다.

2) 시간을 고려하여 정해진 몇 명만 나눠도 괜찮습니다. 다음 주에는 나누는 인원이 겹치지 않고 골고루 나눌 수 있도록 유도합니다.

7. 독후감 나눔

1) 다음 주 수업 전까지 필독서 『꿈만 같습니다』(김은호 저)를 읽고 독후감을 제출하도록 안내합니다.

2) 다음 주까지 『꿈만 같습니다』(김은호 저) 독후감 제출이 있습니다.

8. 공지 사항

1) 다음 주 암송 시험이 있습니다. 범위는 1권 몇 구절과 2권 5과까지입니다.

성령님은 늘 우리와 함께하시며 도우시는 분입니다. 그리고 그분은 우리에게 은사를 주셔서 우리를 통해 그리스도의 몸 된 교회를 온전히 세우길 원하십니다. 이번 과를 통해 성령님과 성령의 은사에 대한 오해를 해소하고, 바르게 이해하며 바른 신앙의 길로 나아가게 되길 소망합니다.

Connect 말씀 속으로

1 예수님은 승천하시면서 성령님을 보내 주시겠다고 우리에게 약속하셨습니다. 성경에서는 성령님을 어떻게 설명합니까?

1) 요한복음 14:16-17 (참고. 요일 2:1)

요 14:16-17 16 내가 아버지께 구하겠으니 그가 또 다른[7] 보혜사를 너희에게 주사 영원토록 너희와 함께 있게 하리니 **17** 그는 진리의 영이라 세상은 능히 그를 받지 못하나니 이는 그를 보지도 못하고 알지도 못함이라 그러나 너희는 그를 아나니 그는 너희와 함께 거하심이요 또 너희 속에 계시겠음이라

요일 2:1 나의 자녀들아 내가 이것을 너희에게 씀은 너희로 죄를 범하지 않게 하려 함이라 만일 누가 죄를 범하여도 아버지 앞에서 우리에게 대언자가 있으니 곧 의로우신 예수 그리스도시라

▸ 보혜사, 임마누엘, 진리의 영

보혜사(保惠師[8], 헬라어로 파라클레토스)는 기본적인 의미로 '도움을 받기 위해 곁에 초청된 사람' 곧 '피고인 측의 변호사'와 연관되어 있는 표현입니다. 또한 '곁에서 기운을 북돋우는 위로자, 격려자'라는 의미를 담고 있습니다. 17절의 말씀을 보면, '진리의 영'이라고 말씀하십니다. 이 표현은 성령께서 진리를 가르치는 스승이 되신다는 뜻입니다. 17절 하반절을 보면, "제자들과 함께 계시고, 제자들 속에 계신다"라고 표현합니다. 성령은 연합의 영이십니다. 끊임없이 성령님께서는 예수님과 제자들을 연합시키시고, 제자 공동체를 하나로 묶는 역할을 하십니다. 그리고 16절 하반절의 말씀처럼 "영원토록 함께 계시는" 임마누엘의 하나님이 되어 주십니다.

요한일서 2장 1절에 보면, 대언자(파라클레토스)로서 예수 그리스도가 등장합니다. 이는 요한복음 4장 16절의 "또 다른" 보혜사의 의미를 해석 가능하게 합니다. 즉 첫 번째 보혜사가 바로 예수 그리스도라는 의미입니다. 예수 그리스도와 성령님의 역할의 유사성을 또한 보여 주는 구절입니다.

---

7) 첫 번째 보혜사는 예수님이시다. 그래서 성령님을 '또 다른' 보혜사로 기록한다.

8) 지키다, 보호하다 '보', 은혜 '혜', 스승 '사'.

2) 로마서 8:26 (참고. 히 4:16)

> **롬 8:26** 이와 같이 성령도 우리의 연약함을 도우시나니 우리는 마땅히 기도할 바를 알지 못하나 오직 성령이 말할 수 없는 탄식으로 우리를 위하여 친히 간구하시느니라
>
> **히 4:16** 그러므로 우리는 긍휼하심을 받고 때를 따라 돕는 은혜를 얻기 위하여 은혜의 보좌 앞에 담대히 나아갈 것이니라

▸ 우리의 연약함을 도우시는 분, 완전한 중보기도 사역을 해 주시는 분, 은혜를 주시는 분

우리는 피조물로서 근본적인 연약함을 가지고 있습니다. 그러하기에 오직 우리와 함께 짐을 지시며 도우시는 성령님을 바라보아야 합니다. 우리의 간구 역시도 하나님 앞에서는 마땅히 불완전합니다. 그러하기에 성령님께서는 친히 우리의 기도를 그분의 탄식으로 바꾸어 하나님 아버지 앞에 완전한 중보기도의 사역을 감당해 주십니다. 따라서 성령님은 중보기도를 통해 우리의 연약함을 친히 도우십니다.

구약 시대 대제사장은 지성소 안으로 들어가는 것을 두려워하였지만, 성령과 동행하며 사는 우리는 담대히 확신을 가지고 하나님의 은혜의 보좌 앞으로 나아갈 수 있습니다. 자신의 아들까지 우리를 위해 아낌없이 내어 주신 하나님 아버지께서 친히 우리를 받아 주시고, 적절한 시기에 그분의 은총과 자비를 내려 주십니다. 궁극적으로 이 모든 일을 우리 안에 계신 성령님께서 행하십니다. 우리는 오직 하나님 앞에 힘을 다해 나아갈 뿐입니다.

3) 사도행전 1:8

8 오직 성령이 너희에게 임하시면 너희가 권능을 받고 예루살렘과 온 유대와 사마리아와 땅 끝까지 이르러 내 증인이 되리라 하시니라

▸ 권능을 주시고, 증인이 되게 하시는 분

성령님은 우리에게 권능, 즉 능력을 주시는 분이십니다. 이 능력은 오직 증인이 되어 복음을 증거할 때 주시는 능력입니다. 우리 안에 계신 성령님을 의지하면, 우리로 하여금 능력의 증인이 되게 하실 것입니다.

2 예수님이 약속하신 대로, 성령님은 예수님이 승천하시고 약 10일 뒤에 이 세상에 오셨습니다. 성령님은 오순절에 마가의 다락방에 강림하셨습니다.

1) 성령 강림의 역사는 언제, 어디에서, 어떻게 일어났습니까? (행 1:13-14, 2:1)

행 1:13-14 13 들어가 그들이 유하는 다락방으로 올라가니 베드로, 요한, 야고보, 안드레와 빌립, 도마와 바돌로매, 마태와 및 알패오의 아들 야고보, 셀롯인 시몬, 야고보의 아들 유다가 다 거기 있어 14 여자들과 예수의 어머니 마리아와 예수의 아우들과 더불어 마음을 같이하여 오로지 기도에 힘쓰더라

행 2:1 오순절 날이 이미 이르매 그들이 다같이 한 곳에 모였더니

▸ 오순절에, 다락방에서, 오로지 기도하기 힘쓸 때

예수님께서는 승천하시기 전에 제자들에게 예루살렘을 떠나지 말고 아버지께서 약속하신 성령을 기다리라 말씀하셨습니다. 예수님이 승천하신 이후, 제자들과 예수님을 따르던 무리 120명이 함께 다락방에 모여 마음을 같이하며 오로지 기도하기에 힘쓰고 있을 때 성령께서 친히 오순절에 강림하신 사건이 일어납니다.

오순절은 추수와 관련이 있습니다. 오순절은 맥추절로도 불리는데, 추수가 완결된 것을 경축하는 날입니다. 이날은 유월절이 지난지 50일 후입니다. 추수와 연결해서 생각해 보았을 때, 오순절 후 베드로의 첫 설교를 통해 3천 명이 넘는 영혼의 큰 수확이 있었습니다.

2) 성령 강림의 현장에 어떤 일이 있었습니까? (행 2:2-4)

2 홀연히 하늘로부터 급하고 강한 바람 같은 소리가 있어 그들이 앉은 온 집에 가득하며 3 마치 불의 혀처럼 갈라지는 것들이 그들에게 보여 각 사람 위에 하나씩 임하여 있더니 4 그들이 다 성령의 충만함을 받고 성령이 말하게 하심을 따라 다른 언어들로 말하기를 시작하니라

‣ 초자연적인 현상(바람, 불, 말)

하나님께서는 예수님께서 약속하신 것에 따라(행 1:4-5[9]) 오순절에 성령님을 보내 주셨습니다. 성령님께서 이 땅 가운데 내려오셨을 때, 초자연적인 현상을 동반했습니다. 이는 시내산에서 하나님의 현현을 연상케 합니다. 우선 급하고 강한 '바람' 같은 소리(권능 상징[10])로, 그리고 '불'(정결 상징)의 혀처럼 각 사람의 위에 임함으로 눈에 보이도록, 그리고 성령님이 '말'(기독교 복음의 보편성 상징)하게 하심에 따라 다른 언어들로 말하기 시작합니다.

3) 성령 강림 이후, 누가 성령님과 교제할 수 있습니까?
 (행 2:39; 참고. 요 14:19; 눅 11:13; 행 19:1-6)

행 2:39 이 약속은 너희와 너희 자녀와 모든 먼 데 사람 곧 주 우리 하나님이 얼마든지 부르시는 자들에게 하신 것이라 하고

요 14:19 조금 있으면 세상은 다시 나를 보지 못할 것이로되 너희는 나를 보리니 이는 내가 살아 있고 너희도 살아 있겠음이라

눅 11:13 너희가 악할지라도 좋은 것을 자식에게 줄 줄 알거든 하물며 너희 하늘 아버지께서 구하는 자에게 성령을 주시지 않겠느냐 하시니라

---

9) **4** 사도와 함께 모이사 그들에게 분부하여 이르시되 예루살렘을 떠나지 말고 내게서 들은 바 아버지께서 약속하신 것을 기다리라 **5** 요한은 물로 세례를 베풀었으나 너희는 몇 날이 못되어 성령으로 세례를 받으리라 하셨느니라
10) 세 가지 상징은 존 스토트의 『사도행전: 땅끝까지 이르러』(p. 89)를 참고함.

행 19:1-6 **1** 아볼로가 고린도에 있을 때에 바울이 윗지방으로 다녀 에베소에 와서 어떤 제자들을 만나 **2** 이르되 너희가 믿을 때에 성령을 받았느냐 이르되 아니라 우리는 성령이 계심도 듣지 못하였노라 **3** 바울이 이르되 그러면 너희가 무슨 세례를 받았느냐 대답하되 요한의 세례니라 **4** 바울이 이르되 요한이 회개의 세례를 베풀며 백성에게 말하되 내 뒤에 오시는 이를 믿으라 하였으니 이는 곧 예수라 하거늘 **5** 그들이 듣고 주 예수의 이름으로 세례를 받으니 **6** 바울이 그들에게 안수하매 성령이 그들에게 임하시므로 방언도 하고 예언도 하니

▸ 하나님께서 부르신 자들, 성령 충만함을 구하는 자들

사도행전 2장 38절[11]을 보면, 베드로는 그의 설교를 듣고 마음에 찔려 하는 유대인들을 향해 회개와 세례, 죄 사함, 그리고 성령의 선물을 받으라고 말합니다. 그리고 이 죄 사함의 용서와 성령의 선물은 하나님께서 친히 부르신(예정) 모든 사람에게 적용되는 것입니다.

이 부르심을 받은 자들은 성령님을 통해 예수님을 경험하게 될 것입니다(요 14:19). 그런데 예수님께서는 누가복음 11장 13절에서 성령님을 하나님 아버지께 간절히 구하는 자에게 주신다고 말씀하십니다. 바울이 고린도에서 전도를 할 때, 아볼로와 세례 요한의 제자들을 만나, 예수님을 믿고 세례를 받게 됩니다. 이때 오순절에 역사하셨던 성령의 세례를 받게 됩니다. 이 시대에는 특정한 집단이

---

11) 베드로가 이르되 너희가 회개하여 각각 예수 그리스도의 이름으로 세례를 받고 죄 사함을 받으라 그리하면 성령의 선물을 받으리니 |

예수님을 믿게 되었을 때, 성령께서 이 일을 공개적으로 보여 주시고자 방언과 예언을 하게 하셨습니다. 그런데 성령세례 시 일어난 이와 같은 초자연적인 일들을 신약에서는 더 이상 일반화하지 않습니다.

성령은 한 번 받는 것입니다. 성령을 받는 것을 "성령세례를 받았다"라고 표현합니다. 이는 단회적인 사건입니다. 주께서 성령을 보내시면 그 성령은 떠나지 않고 우리 안에 내주하십니다. 성령세례는 하나님 아버지의 주권 속에 이뤄집니다.

성령을 받은 사람은 이제 오직 성령으로 충만함을 구해야 합니다. 성령 충만이라는 것은 어떤 신비스러운 상태에 도달하는 것이 아닙니다. 성령의 충만은 이미 임하신 성령님께서 내 속에 마음껏 사시도록 하는 것입니다. 성령 충만을 누리지 못한다면, 간절히 기도하지 않아 누리지 못하는 나의 책임임을 인식하고, 날마다 하나님 앞에 나아가 간절한 기도로 성령의 충만을 누리는 삶을 살아가야 합니다.

4) 성령님이 나와 함께하심을 느낀 적이 있다면, 함께 나누어 봅시다.

예수님을 구주로 영접한 모든 이 가운데 계신 성령님이 나와 함께 계심을 어느 순간 느끼게 되었는지, 살아 역사하시는 성령님의 운행하심을 함께 나눠 봅시다.

3

예수님은 우리에게 성령을 받으라고 말씀하십니다(요 20:22). 예수님이 성령을 받으라고 명령하신 이유는 무엇입니까?

22 이 말씀을 하시고 그들을 향하사 숨을 내쉬며 이르시되 성령을 받으라

1) 사도행전 2:42

42 그들이 사도의 가르침을 받아 서로 교제하고 떡을 떼며 오로지 기도하기를 힘쓰니라

‣ 진정한 공동체의 실현을 위해

우리는 이제 성령께서 임재하시어 역사하시는 초대교회 공동체의 모습을 살펴볼 수 있습니다. 이 공동체는 첫째, 사도의 가르침을 받아 배우는 공동체였습니다. 성도는 반드시 하나님을 알아 가는 데 힘써야 합니다. 둘째, 서로 교제를 나누었습니다. 이것은 서로의 필요를 채워 줌[12]을 말합니다. 진정한 교제는 실질적 사랑의 실천에 있습니다. 셋째, 예배하는 공동체입니다. 떡을 떼었다는 것은 성찬식을 하였음을 나타내며, 이것은 예배 안에서 행해지는 성례입니다. 이에

---

12) 믿는 무리가 한마음과 한 뜻이 되어 모든 물건을 서로 통용하고 자기 재물을 조금이라도 자기 것이라 하는 이가 하나도 없더라

초대교회 성도들은 늘 예배를 드리며 성찬식을 거행하는 공동체였습니다. 그리고 마지막 넷째, 기도하기를 힘쓰는 공동체입니다. 예수님도 기도하는 삶을 사셨습니다. 예수님의 정신을 이어받은 초대교회 공동체 또한 당연히 기도하는 공동체였습니다. 위에서 언급한 진정한 공동체로서의 네 가지의 모습은 오직 성령님께서 임재하시고, 역사하시고, 주도하실 때만 진정으로 가능한 일임을 알 수 있습니다.

2) 사도행전 4:31

> **31** 빌기를 다하매 모인 곳이 진동하더니 무리가 다 성령이 충만하여 담대히 하나님의 말씀을 전하니라

‣ 담대하게 복음을 증거하기 위해

베드로를 포함한 사도들은 공회의 위협을 당합니다. 그 후 공동체가 함께 기도를 드립니다. 기도의 제목은 세 가지였습니다. 첫째, 공회의 위협을 굽어살펴 달라고 기도합니다(행 4:29a [13]). 둘째, 담대히 말씀을 전하게 해 달라고 기도합니다(행 4:29b [14]). 셋째, 표적과 기사를 요청합니다(행 4:30 [15]). 이 표적과 기사는 그 자체가 목적이

---

13) 주여 이제도 그들의 위협함을 굽어보시옵고
14) 또 종들로 하여금 담대히 하나님의 말씀을 전하게 하여 주시오며
15) 손을 내밀어 병을 낫게 하시옵고 표적과 기사가 거룩한 종 예수의 이름으로 이루어지게 하옵소서 하더라

아닌, 담대하게 전파된 말씀을 확증하는 수단입니다. 이렇게 간구하자, 모인 곳이 진동했다고 기록합니다. 이것은 하나님의 응답에 대한 확신으로 사도들은 성령의 충만함을 받아 흔들리지 않고 더욱 담대히 복음을 증거하게 되었습니다.

3) 사도행전 10:38

> **38** 하나님이 나사렛 예수에게 성령과 능력을 기름 붓듯 하셨으매 그가 두루 다니시며 선한 일을 행하시고 마귀에게 눌린 모든 사람을 고치셨으니 이는 하나님이 함께 하셨음이라

▸ 선한 일을 행하고, 마귀에게 눌린 모든 사람을 고치기 위해

베드로가 고넬료의 집에서 설교하는 내용 중에 등장하는 구절입니다. 예수님께서는 공생애 사역 가운데 성령과 능력이 충만하셨습니다. 예수님께서 그처럼 성령과 능력으로 충만하신 이유는 선한 일을 행하시고, 마귀에게 눌린 모든 사람들을 고치시기 위해서였습니다. 예수님께서는 우리에게도 예수님처럼 성령의 능력으로 선한 일을 행하고, 귀신을 내쫓을 수 있는 권능을 주셨습니다(행 1:8). 우리도 예수님처럼 행할 때, 성령 하나님께서 함께하심을 더욱더 강하게 경험하게 될 것입니다.

4 성령 충만하면 삶에 반드시 변화가 일어납니다. 구체적으로 어떤 변화가 일어납니까?

1) 갈라디아서 5:22-23

22 오직 성령의 열매는 사랑과 희락과 화평과 오래 참음과 자비와 양선과 충성과 23 온유와 절제니 이 같은 것을 금지할 법이 없느니라

▶ **성령의 열매를 맺음**

우리 안에 성령님이 계시면 성령의 아홉 가지 열매를 맺게 됩니다. 이 열매들은 점진적으로 성장하며 다 함께 자랍니다. 열매는 아홉 가지인데, 성경에서는 '오직 성령의 열매'라고 단수로 표현합니다. 이것은 이 아홉 가지 열매가 다 같이 자라며, 서로 연결이 되어 있음을 말합니다. 이 열매들 가운데 포기할 수 있는 열매는 없습니다. 그리고 이 열매들을 통해 우리 안에 성령님이 계신 것을 확인할 수 있으며, 우리가 예수님을 닮아 가게 합니다. 이제 아홉 가지 열매들의 특징을 간단히 살펴보도록 하겠습니다.

사랑	희락	화평
자기희생적 사랑	하나님 자체로 행복해하는 마음	관계의 온전함, 유익한 관계
오래 참음	자비	양선
타인의 잘못에 대해 끈기 있게 견딤	남을 깊이 사랑하고 가엾게 여김	한결같이 진실함, 위선적이지 않음
충성	온유	절제
우직함, 그 말이 믿을 만하고, 용기 있음	타인에 대한 배려	충동적이지 않고, 자제함, 시급한 것보다 중요한 것 추구

2) 과거와 현재를 비교해 볼 때, 성령님으로 인해 맺게 된 열매가 무엇인지 나누어 봅시다. 혹 아직 부족한 열매가 있다면, 무엇인지 고백해 봅시다. 그리고 성령의 열매를 풍성하게 맺게 해 달라고 성령님께 간구하는 시간을 가집시다.

앞에서도 언급했듯이, 우리 안에 성령님이 계시면 자연스럽게 성령의 아홉 가지 열매가 자라게 되어 있습니다. 그런데 점진적으로 자라기 때문에 시간이 걸릴 수 있습니다. 내 안에 부족한 열매들이 무엇인지를 함께 나눠 보고, 성령님께 의지하며 간구합시다. 그리고 그 열매를 맺기 위해 노력하겠다고 다짐해 봅시다.

3) 성령 충만할 때, 성령의 은사를 받게 됩니다. 성령의 은사는 누가 받습니까? 하나님이 성도에게 은사를 주시는 이유는 무엇입니까?

① 대상 (고전 12:11)

11 이 모든 일은 같은 한 성령이 행하사 그의 뜻대로 각 사람에게 나누어 주시는 것이니라

‣ **성령의 은사는 성령님의 주권적 뜻을 행하시기 위해 성도가 받는 것이다**

성령의 다양한 은사는 한 성령님께서 주권적 결정에 따라 그리스도인들에게 각각 나누어 주시는 것입니다. 그러하기에 결코 자랑할 수 없습니다. 모든 은사는 내 노력으로 인한 것이 아닌, 성령께서 주시는 것입니다.

② 이유 (고전 12:7; 엡 4:11-12)

고전 12:7 각 사람에게 성령을 나타내심은 유익하게 하려 하심이라
엡 4:11-12 11 그가 어떤 사람은 사도로, 어떤 사람은 선지자로, 어떤 사람은 복음 전하는 자로, 어떤 사람은 목사와 교사로 삼으셨으니 12 이는 성도를 온전하게 하여 봉사의 일을 하게 하며 그리스도의 몸을 세우려 하심이라

‣ 공익을 위해, 그리스도의 몸을 세우기 위해

고린도전서 12장 7절을 보다 정확하게 해석하면 '각 사람에게 성령의 현상을 주심은 공익을 위해서다'입니다. 모든 그리스도인에게는 각각 특별한 성령의 현상(나타나심)이 주어집니다. 그러므로 그리스도인들에게 은사는 은혜로 주어지는 것입니다. 모든 그리스도인에게 각각 주어진 은사는 공익을 위해 봉사하기 위함입니다.

에베소서 4장 11-12절의 말씀은 예수님께서 친히 교회의 일꾼들(지도자들)을 주셨음을 말합니다. 사도는 그리스도를 직접 목격한 자들로서 복음의 증언과 교회 설립의 사역을 감당합니다. 선지자는 하나님께 받은 메시지를 전하는 특별한 은사를 소유한 신약의 사역자입니다. 이들의 주된 직무는 권면, 격려, 예언입니다. 복음 전하는 자는 복음을 전파하는 데 헌신된 순회 사역자(빌립) 혹은 복음을 전하고 가르치는 사역자(디모데)들을 말합니다. 목사는 하나님의 양무리를 먹이고 돌보며 인도하는 교회의 지도자를 가리킵니다. 교사는 오늘날 목사와 신학자 등이 이에 해당하는 직분으로, 하나님의 말씀을 잘 가르치고 선포해야 합니다. 이런 은사를 통해 섬기는 가장 중요한 목적은 오직 그리스도의 몸을 세우기 위함입니다.

4) 성령의 은사에는 무엇이 있습니까? 고린도전서 12장 8-11절과 28-30절, 로마서 12장 3-8, 에베소서 4장 7-12절, 베드로전서 4장 10절을 함께 비교해 봅시다.

고전 12:8-11 **8** 어떤 사람에게는 성령으로 말미암아 지혜의 말씀을, 어떤 사람에게는 같은 성령을 따라 지식의 말씀을, **9** 다른 사람에게는 같은 성령으로 믿음을, 어떤 사람에게는 한 성령으로 병 고치는 은사를, **10** 어떤 사람에게는 능력 행함을, 어떤 사람에게는 예언함을, 어떤 사람에게는 영들 분별함을, 다른 사람에게는 각종 방언 말함을, 어떤 사람에게는 방언들 통역함을 주시나니 **11** 이 모든 일은 같은 한 성령이 행하사 그의 뜻대로 각 사람에게 나누어 주시는 것이니라

고전 12:28-30 **28** 하나님이 교회 중에 몇을 세우셨으니 첫째는 사도요 둘째는 선지자요 셋째는 교사요 그 다음은 능력을 행하는 자요 그 다음은 병 고치는 은사와 서로 돕는 것과 다스리는 것과 각종 방언을 말하는 것이라 **29** 다 사도이겠느냐 다 선지자이겠느냐 다 교사이겠느냐 다 능력을 행하는 자이겠느냐 **30** 다 병 고치는 은사를 가진 자이겠느냐 다 방언을 말하는 자이겠느냐 다 통역하는 자이겠느냐

롬 12:3-8 **3** 내게 주신 은혜로 말미암아 너희 각 사람에게 말하노니 마땅히 생각할 그 이상의 생각을 품지 말고 오직 하나님께서 각 사람에게 나누어 주신 믿음의 분량대로 지혜롭게 생각하라 **4** 우리가 한 몸에 많은 지체를 가졌으나 모든 지체가 같은 기능을 가진 것이 아니니 **5** 이와 같이 우리 많은 사람이 그리스도 안에서 한 몸이 되어 서로 지체가 되었느니라 **6** 우리에게 주신 은혜대로 받은 은사가 각각 다르니 혹 예언이면 믿음의 분수대로, **7** 혹 섬기는 일이면 섬기는 일로, 혹 가르치는 자면 가르치는 일로, **8** 혹 위로하는 자면 위로하는 일로, 구제하는 자는 성실함으로, 다스리는 자는 부지런함으로, 긍휼을 베푸는 자는 즐거움으로 할 것이니라

엡 4:7-12 7 우리 각 사람에게 그리스도의 선물의 분량대로 은혜를 주셨나니 8 그러므로 이르기를 그가 위로 올라가실 때에 사로잡혔던 자들을 사로잡으시고 사람들에게 선물을 주셨다 하였도다 9 올라가셨다 하였은즉 땅 아래 낮은 곳으로 내리셨던 것이 아니면 무엇이냐 10 내리셨던 그가 곧 모든 하늘 위에 오르신 자니 이는 만물을 충만하게 하려 하심이라 11 그가 어떤 사람은 사도로, 어떤 사람은 선지자로, 어떤 사람은 복음 전하는 자로, 어떤 사람은 목사와 교사로 삼으셨으니 12 이는 성도를 온전하게 하여 봉사의 일을 하게 하며 그리스도의 몸을 세우려 하심이라

벧전 4:10 각각 은사를 받은 대로 하나님의 여러 가지 은혜를 맡은 선한 청지기 같이 서로 봉사하라

위 본문에 기록된 은사들의 내용은 다 같지 않습니다. 이것은 바울이 한 곳에서 은사를 모두 다 기록하지 않았음을 나타냅니다. 그것은 편지를 받는 각 교회의 상황에 따라 몇 개만을 지목하고 있는 것입니다. 은사에 영적인 항목이 다수 있다 보니, 우리는 은사를 영적인 행위로 보는 경향이 많습니다. 그러나 은사의 목록을 살펴보면 실제적인 영역도 많이 있습니다. 다음은 성경 속 은사의 목록입니다.

고린도전서 12장

8 지혜의 말씀, 지식의 말씀 – 교육적 은사들
9 믿음, 병 고치는 은사
10 능력 행함 – 초자연적인 힘을 발휘하는 은사들
    예언함, 영 분별, 각종 방언, 방언 통역 – 특별한 의사소통의 은사들
28a 첫째는 사도, 둘째는 선지자, 셋째는 교사 – 복음 선포를 위한 세 직분자들(지도자들)
28b 그 다음은 능력을 행하는 자, 그 다음은 병 고치는 은사와 서로 돕는 것과 다스리는 것과 각종 방언을 말하는 것

6 예언이면 믿음의 분수대로
7 혹 섬기는 일이면 섬기는 일로, 혹 가르치는 자면 가르치는 일로,
8 혹 위로하는 자면 위로하는 일로, 구제하는 자는 성실함으로, 다스리는 자는 부지런함
   으로, 긍휼을 베푸는 자는 즐거움으로 할 것

에베소서 4장

11 그가 어떤 사람은 사도로, 어떤 사람은 선지자로, 어떤 사람은 복음 전하는 자로, 어
   떤 사람은 목사와 교사로 삼으셨음.

① **지혜의 말씀과 지식의 말씀** : 지혜의 말씀은 성령님께서 깨우치게 하시는 영적 지혜이며, 그리스도의 복음을 아는 신령한 지혜입니다. 지식의 말씀은 성경에 대한 깊이 있는 이해와 그 설명 능력을 가리킵니다.

② **예언과 방언** : 예언은 믿음을 북돋고 위로하고 권면하는 것입니다(고전 14:3). 방언은 기도 중에 하나님께 신비한 언어로 말하는 것, 사람들이 알아들을 수 없게 하는 기도이나, 그것이 해석되면 교회를 세우는 데 유용합니다(고전 14:2).

방언하는 자	예언하는 자
하나님께 말함	사람들(교회)에게 말함
이해되지 않음	이해됨
자신의 신앙에 도움이 됨	교회를 세움

③ **믿음** : 주님에 대한 특별한 신뢰로 이적을 행하는 믿음

④ **영들을 분별하는 능력** : 예언이 진정으로 성령의 영감에 의한 것인지 악령의 장난인지를 분별하는 능력

⑤ **예언이면 믿음의 분수대로** : 신약에서 예언은 미래를 내다보는 것보다, 하나님의 교회의 덕을 세우도록 선지자에게 알려 주신 정보를 공동체에 공포하는 것을 말합니다. 그런데 이 진리는 사도들이 가르치는 진리만큼 권위를 가지지 못했습니다. 이유는 선지자의 예언이 다른 선지자들의 분별을 필요로 했기 때문입니다(고전 14:29[16]). 이 예언하는 것은 믿음에 분량대로, 즉 믿음에 비례해서 해야 한다고 말합니다. 이것은 하나님께서 주신 것까지만 말하는 것으로 제한합니다.

5) 성령의 은사는 주님의 몸 된 교회를 세우는 데 사용해야 합니다. 이때 반드시 갖추어야 할 덕목은 무엇입니까?

① **고린도전서 13:1-3**

1 내가 사람의 방언과 천사의 말을 할지라도 사랑이 없으면 소리 나는 구리와 울리는 꽹과리가 되고 **2** 내가 예언하는 능력이 있어 모든 비밀과 모든 지식을 알고 또 산을 옮길 만한 모든 믿음이 있을지라도 사랑이 없으면 내가 아무 것도 아니요 **3** 내가 내게 있는 모든 것으로 구제하고 또 내 몸을 불사르게 내줄지라도 사랑이 없으면 내게 아무 유익이 없느니라

---

16) 예언하는 자는 둘이나 셋이나 말하고 다른 이들은 분별할 것이요

▸ 사랑

고린도 성도들은 방언을 천사의 언어로 생각하여, 방언을 하면 하늘의 천사같이 되어 하늘의 예배에 이미 참석하고 있다고 생각했습니다. 그러하기에 방언을 특별히 중시하고 자랑하였으며 예배 때마다 무절제하게 사용하여 혼돈을 일으켰습니다.

'소리 나는 구리와 울리는 꽹과리'는 헬라의 신비 종교들에서 광란의 의식 때 쓰이는 도구들이었습니다. 만약 사랑이 없이 방언들만 한다면 이방 종교의 예배와 다를 것이 없음을 말합니다. 또한 사랑이 없는 종교적 열성이 얼마나 무가치한 것인지, 사랑이 결핍된 모든 그리스도인에게 경종을 울리는 말씀입니다.

② 고린도전서 14:33

33 하나님은 무질서의 하나님이 아니시요 오직 화평의 하나님이시니라

▸ 질서와 화평

하나님은 사랑을 원칙으로 교회를 세우도록 하기 위해 은사들을 주셔서 교회의 질서와 화평을 도모하게 하십니다. 결코 은사 사용으로 말미암아 경쟁을 하거나 교만해지거나 교회를 혼란하게 만들어서는 안 됩니다.

5 성령님이 당신에게 주신 은사는 무엇입니까? 당신은 교회를 위해 이 은사를 어떻게 사용하고 있습니까?

위에 언급된 항목들을 보면, 신령해 보이는 것들과 현실적으로 보이는 것들이 있습니다. 이것은 다시 한번 강조하지만 성령께서 주권적으로 주시는 것들이기에 자랑해서도 안 되고, 비교해서도 안 되며, 교회의 유익을 위해, 그리스도의 몸을 세우기 위해서만 사용해야 합니다. 우선 나에게 주신 은사가 무엇인지를 발견하는 것이 중요하며, 그 은사대로 교회에서 봉사해야 합니다. 가장 중요한 원칙은 사랑으로, 질서 가운데, 화평을 이루며 사용하는 것입니다.

Transform   세상 속으로

은사 테스트

교재에 수록된 은사를 테스트한 후, 아래의 내용으로 설명을 해 줍니다. 설명할 수 있는 시간이 부족하면, 아래의 내용을 공유하여 자신의 은사를 발견하고 활용할 수 있도록 도와줍니다.

※ 은사 그래프 중 가장 높은 세 가지가 본인의 은사에 해당됩니다.

리더십

1. 지도력의 은사는 다른 사람들의 참여를 이끌어 내기 위해 사역의 목적과 방향, 비전을 전달하고 규명하는 능력이다. 또한 사역의 목표를 성취할 때 동역하는 모범을 보임으로써 다른 사람들에게 동기를 부여하는 능력이다.

2. 이 은사를 가진 사람은
   1) 사람들에게 사역의 목적과 방향, 비전을 명확히 전달한다.
   2) 다른 사람의 능력을 최대한 발휘할 수 있도록 동기를 유발한다.
   3) 목표를 세우고 이를 성취하기 위해 사람이나 자원을 효과적으로 활용한다.
   4) 현실을 뛰어넘어 하나님께서 원하시는 미래를 볼 수 있는, '거시적 윤곽'을 제시한다.
   5) 모범적인 사역을 통하여 그 사역의 가치를 일깨워 준다.

3. 이 은사를 가진 사람이 유의할 점
   1) 인간관계에 신뢰감이 쌓이려면 시간이 필요하다는 것과 이 신뢰감은 지도력을 효과적으로 수행할 때 필수적이라는 사실을 알아야 한다.
   2) 종으로서의 지도력은 성경적 모범이며 모든 사람의 종이 가장 큰 자가 된다는 것을 기억해야 한다.
   3) 이 은사를 사용하기 위해 꼭 지도자의 '자리'에 있어야 필요는 없다 (리더십이 보이지 않을 수 있고, 오히려 평범한 사람인데도 이 은사가 있을 수 있다).

1. 행정의 은사는 '조직화' 은사라고 불리기도 하는데, 다른 사람들의 은사를 인식하고 그들을 사역에서 잘 동원하는 능력이다. 효과적인 사역을 위해 사람들과 자원, 시간을 운영하고 관리하는 능력이며, 사역의 목표를 성취하기 위한 과정을 계획하고 많은 세부 사항을 조정 및 수행하는 능력이다.

2. 이 은사를 가진 사람은
   1) 정해진 목표를 달성하기 위해 계획이나 방안, 구체적인 전략을 수립한다.
   2) 인적자원이나 사업 또는 행사를 총괄 계획하고 편성하는 것을 좋아한다.
   3) 세부 사항들을 조정하고 실행하는 데 있어서 철저하고 신중하며 능숙하다.
   4) 조직의 무질서에서 질서를 창조해 낸다.
   5) 전체적인 그림을 잃지 않으면서 발생 가능한 문제들을 예상하여 대안을 만들어 낸다.
   6) 인사, 업무, 행사들을 조직한다.

3. 이 은사를 가진 사람이 유의할 점
   1) 평신도가 이 은사를 가지고 있을 경우, 지도자의 비전을 가리지 않도록 해야 한다.
   2) 계획들을 조정할 때는 공개적으로 해야 하며 모든 과정을 필히 지도자와 투명하게 나누어야 한다.
   3) 사람들의 발전 과정을 고려하지 않고 목표 달성을 위해서만 사람

을 이용할 수 있다.

  4) 목표 달성의 과정에서 이루어지는 하나님의 목표를 간과할 수 있다. 아무리 계획이 철저하다 할지라도 하나님의 의도와 뜻과 위배될 수 있고, 실패할 수도 있다는 것을 알아야 한다.

가르침

1. 가르침의 은사는 성경을 명확하게 설명하고 적용하여 성도를 교육하는 능력이며, 또한 사역을 위해 성도를 훈련시키고 준비시키는 능력이다.

2. 이 은사를 가진 사람은
  1) 하나님의 말씀을 가르칠 때 큰 기쁨을 얻는다.
  2) 삶의 변화를 극대화시키기 위해 하나님의 교훈을 총체적으로 전달한다.
  3) 상세하고 정확한 것에 신경을 쓴다.
  4) 연구와 묵상에 많은 시간을 사용하며 준비한다.
    (핵심 코드가 '자신의 계속 성장'이므로 지속적으로 연구하고 개발할 때 안정감을 누린다)
  5) 배우는 만큼 가르칠 수 있는 능력이 있다.
  6) 가르치는 사람의 말 어구, 내용 등에 대해서 세심히 관심을 집중한다.
  7) 다른 이들로 하여금 더 배우고 공부하고 싶은 마음이 생기도록 말씀을 통하여 도전을 줄 수 있다.
  8) 어떤 지식이나 기술을 상대방이 알아듣고 적용하기 쉽게 가르쳐 줄 수 있다.

3. 이 은사를 가진 사람이 유의할 점

   1) '뛰어난' 성경적 지식과 이해로 인해 자만심을 갖지 않도록 주의해야 한다.

   2) 가르칠 때 너무 상세한 것에 치중하다가 삶에서의 적용을 놓칠 수 있다.

   3) 영성이란 얼마나 많이 아느냐로 측정되지 않는다는 것을 기억해야 한다.

4. 참고 구절: 롬 12:7; 고전 12:28-29; 행 18:24-28; 딤후 2:2

지식

1. 지식의 은사는 성도 개개인이나 교회 성도 전체에게 있어서 극히 중대한 정보를 발견하고 수집하고 분석하고 정리하는 능력이다. 또한 많은 양의 정보를 이해하고 효과적으로 의사 결정하도록 제공하는 능력이다.

2. 이 은사를 가진 사람은

   1) 그들이 교회에 더 잘 봉사하게 하는 진리를 받는다.

   2) 통찰과 이해와 진리를 찾기 위해 성경을 탐구한다.

   3) 교회에 기여할 수 있는 비범한 통찰력과 이해력이 있다.

   4) 가르침이나 실제적이고 실용적인 정보들을 정리하는 것을 좋아한다.

   5) 자연스러운 관찰이나 수단에 의해서 얻을 수 없는 지식을 습득한다.

3. 이 은사를 가진 사람이 유의할 점

   1) 이 은사가 자만심을 유발하지 않도록 조심해야 한다.

   2) 교회에 지시의 말씀을 전할 때 이것이 자신의 것이 아니라 하나님

의 메시지라는 것을 기억해야 한다.

  3) 지식을 더함은 고통도 더한다는 사실을 기억해야 한다.

4. 참고 구절: 고전 12:8; 막 2:6-8; 요 1:45-50

지혜

1. 지혜의 은사는 인생의 여러 가지 상황에 대한 하나님의 관점을 이해하고,
  하나님의 진리를 특별한 상황에 맞도록 효과적으로 적용하는 능력이다.

2. 이 은사를 가진 사람은
  1) 하나님의 말씀을 마음에 새기고 그것들을 나누기를 원한다.
  2) 교회의 필요를 충족시키기 위해 무엇이 필요한지 이해한다.
  3) 갈등과 혼란 가운데서도 하나님이 주시는 해결책을 제시하며, 혼란
    의 시기에 '문제 해결 능력'이 있다.
  4) 주어진 환경에서 하나님의 최선을 위해 방향을 제시하는 성령께 귀
    를 기울인다.
  5) 영적 진리를 구체적이며 실질적으로 적용할 줄 안다.
  6) 삶을 위한 지혜와 실질적 도움이 되는 답을 줄 수 있다.

3. 이 은사를 가진 사람이 유의할 점
  1) 하나님이 주신 지혜를 나누지 못할 수 있다.
  2) 다른 사람들이 자신에게 의지하면 안 된다. 이것은 하나님에 대한
    다른 사람의 신앙을 약화시킬 수 있다.
  3) 이 은사를 갖지 못한 사람들에 대해 인내할 수 있어야 한다.
  4) 하나님의 지혜와 인간의 삶에 대한 이해가 겸비되지 않으면 항상

부담만 줄 수 있다.

4. 참고 구절: 고전 12:8, 2:3-14; 약 3:13-18; 렘 9:23-24

예언

1. 설교(예언)의 은사는 이해, 바르게 함, 회개 혹은 덕을 세우기 위해서 진리를 드러내고 적절한 방법으로 진리를 선언하는 신성한 능력이다. 또한 믿지 않는 자들을 확신시키고 믿는 자들을 도전하고 위로하는 영감 있는 방식으로 하나님의 말씀을 공적으로 전하는 능력이며, 하나님의 뜻을 설득력 있게 선포하는 능력이다.

2. 이 은사를 가진 사람은
   1) 화합이란 목적을 위해 다른 사람의 죄나 속임수를 밝히 드러낸다.
   2) 확신과 회개와 덕을 세우기 위해 적합한 하나님의 말씀을 이야기한다.
   3) 다른 사람들이 간과하는 진리를 꿰뚫어 보며 여기에 반응하도록 다른 사람들에게 도전을 준다.
   4) 회개가 없는 곳에서는 하나님의 즉각적인 혹은 미래에 있을 하나님의 심판을 경고한다.

3. 이 은사를 가진 사람이 유의할 점
   1) 사랑과 동정으로 말하지 않으며 듣는 사람들이 메시지를 받아들이지 않을 수도 있다는 것을 알아야 한다.
   2) 자존심을 피해야 한다. 자존심은 성령께 강요하거나 성령을 낙담시킴으로써 이 은사를 훼방할 수 있다.
   3) 각 예언은 성경 자체와 그 말씀에 대한 바른 해석에 근거해야만 한

다는 것을 기억해야 한다.

4. 참고 구절: 롬 12:6; 고전 12:10, 28; 벧후 1:19-21

영 분별

1. 영 분별의 은사는 옳고 그른 것, 진리와 허위를 분별하는 능력이며 하
   나님의 말씀에 근거하여 즉각적인 판단을 하는 능력이다.

2. 이 은사를 가진 사람은
   1) 진리와 잘못된 것, 옳고 그름, 순수한 동기와 불순한 동기를 구별한다.
   2) 다른 사람의 속임수를 정확하고 적절하게 찾아낸다.
   3) 성경에 위배되는 가르침이나 설교 등을 분간할 수 있다.
   4) 가르침이나 예언적 메시지 혹은 해석에서 일관되지 않은 것을 발견
      해 낸다.
   5) 어떤 사람이나 환경에서 마귀가 역사하고 있음을 잘 감지할 수 있다.

3. 이 은사를 가진 사람이 유의할 점
   1) 자신의 깨달음, 느낌, 통찰을 표현하는 방법에 대해 고민할 수 있다.
   2) 다른 사람을 대할 때에 사랑으로 진리를 말하기보다 가혹하게 대
      답할 수 있다.
   3) 말하기 전에 자신의 깨달음이 하나님으로부터 온 것인지 신중하게
      확인해야 한다.
   4) 말(입)을 절제해야 하고 귀로 듣는 훈련, 침묵 훈련을 해야 한다.

4. 참고 구절: 고전 12:10; 행 5:1-4; 마 16:21-23

1. 권면의 은사는 성도들이 믿음에 있어서 낙담하거나 흔들릴 때 그들이 성경적 원리를 적용하고 실천하도록 동기를 부여하는 능력이다. 또한 다른 사람들에게서 최선의 것을 끌어내고 그들의 잠재력을 발전시키도록 도전하는 능력이다.

2. 이 은사를 가진 사람은
   1) 용기를 잃은 사람들을 강하게 하고 재확신시키기 위해 그들을 찾아간다.
   2) 하나님의 약속 안에서 신뢰와 희망을 갖도록 도전하거나 위로하며 대처한다.
   3) 성경적 진리를 적용하여 행동하도록 촉구한다.
   4) 하나님의 약속과 뜻 안에서 확신을 가질 것을 강조한다.
   5) '바나바'와 같은 역할을 한다.
   6) 설득력이 매우 좋다.
   7) 다른 사람에게서 최선의 것을 끌어내고 잠재력을 발전시키도록 도와준다.

3. 이 은사를 가진 사람이 유의할 점
   1) 때로는 지나치게 낙관적이거나 단순하며 아첨할 수도 있다.
   2) 먼저 현재의 상황과 정말 필요한 것이 무엇인지를 파악할 시간을 가져야 한다.
   3) 하나님의 의도와 뜻을 예리하게 분별해야 한다.
   4) 긍정적인 일만 말하고 필요에 따라 대처하기를 회피할 수도 있다.
   5) 리더의 발목을 잡을 수도 있다. (왜 연약한 자들을 돌보지 않는가?)

4. 참고 구절: 롬 12:8; 행 11:22-24, 15:30-32

목양

1. 목양의 은사는 믿는 사람들의 영적 필요를 돌보며 그들이 사역을 감당할 수 있도록 준비시키는 능력이다. 즉 사람들이 영적으로 성장하며 예수님을 닮게 하기 위해 그들을 양육하고 보살피며 지도하는 능력이다.

2. 이 은사를 가진 사람은
   1) 다른 사람들의 영적인 필요를 인식하며, 그들이 영적으로 성장할 수 있도록 돕는 것을 좋아한다.
   2) 자신의 소그룹원을 지속적으로 잘 관리하며 그들을 보살피고 돌보는 것을 좋아한다.
   3) 다른 사람의 지적, 감정적, 의지적인 면을 살피며, 전인격적으로 지도해 준다.
   4) 최선을 다해 헌신하고 예수님을 따르는 것이 어떤 것인지 삶을 통해 모범을 보인다.

3. 이 은사를 가진 사람이 유의할 점
   1) 하나님께서는 감독의 책임을 게을리하거나 남용하는 사람을 심판하신다는 것을 기억해야 한다.
   2) 다른 사람을 양육하고 지원하고 싶은 욕망이 때로는 상대로 하여금 거절하는 것을 어렵게 만든다는 사실을 알아야 한다.
   3) 양육 받은 자들 중에 어떤 사람들은 양육자의 능력 이상으로 성장하며, 또 그들이 자유롭게 성장해야 할 필요가 있다는 것을 깨달아야 한다.

4. 참고 구절: 엡 4:11-12; 벧전 5:1-4; 요 10:1-18

<u>믿음</u>

1. 믿음의 은사는 보이지 않는 것에 대해 하나님을 신뢰하고, 상황에 상관 없이 하나님의 약속하심을 따라 행동하는 능력이다.

2. 이 은사를 가진 사람은
    1) 하나님의 약속을 믿고 다른 사람들도 그 약속을 믿도록 고무시킨다.
    2) 위험을 무릅쓰는 것을 좋아하며, 장애를 극복시켜 주시는 하나님의 능력에 대한 전적인 확신을 가지고 행동한다.
    3) 하나님의 뜻과 약속에 대해 신뢰하는 태도를 가지고 있으며, 끝까지 인내하는 능력이 있다.
    4) 다른 사람들이 주저할 때에 그들이 전진할 수 있는 것은 예수님 때문이라는 근거를 제시한다.
    5) 필요한 것을 하나님께 구하고 주실 것을 믿는다.
    6) 조직이나 팀에 에너지와 역동성을 불어넣어 준다.

3. 이 은사를 가진 사람이 유의할 점
    1) 합리적으로 이야기하고 계획을 세우는 것에 대해 신앙이 부족하다고 생각해서는 안 된다.
    2) 현명하고 성령 충만한 신자의 조언에 귀를 기울이고, 그 조언을 고려해야 한다.
    3) 이 은사를 가진 사람이 다른 은사를 가진 사람보다 많다고 해서 흔한 은사이고 특별하지 않다고 생각해서는 안 된다.
    4) 남을 위해 도구로 사용된다고 해서 남을 멸시하거나 기워 주려는

경향을 없애야 한다.

　5) 자기 믿음을 다 말로 표현하려 하지 말고 깊이 묵상하고 오히려 삶으로 보여 주어야 한다(자신이 믿는 바대로 모두 다 공개하면 사람들은 감당할 수 없다).

4. 참고 구절: 고전 12:9, 13; 히 11:1; 롬 4:18-21

전도

1. 전도의 은사는 불신자들에게 효과적으로 복음을 전하고, 그들이 믿음으로 반응하도록 이끄는 능력이다.

2. 이 은사를 가진 사람은
　1) 복음의 핵심을 명료하고 효과적으로 전한다.
　2) 불신자들의 필요를 잘 간파하여 복음으로 자연스럽게 연결한다.
　3) 불신자들을 믿게 하여 예수님께 전적으로 헌신하도록 도전한다.
　4) 불신자와의 관계를 이루어 나가는 기회를 찾는다.
　5) 불신자들을 향한 사랑이 있으며, 그들이 구원 얻는 것을 보고자 하는 소원함이 있다.

3. 이 은사를 가진 사람이 유의할 점
　1) 주님을 영접하는 사람의 결정적 동기는 성령의 역사이지 사람의 노력이 아니라는 것을 기억해야 한다.
　2) 우리는 모두 증인이지만 모두가 다 복음 전도자는 아니라는 것을 기억하고 다른 사람을 정죄하거나 비판하지 않도록 해야 한다.
　3) 동일한 접근 방법이 모든 사람에게 적절한 것을 아니므로 주의 깊

게 다른 사람들의 말에 귀를 기울일 필요가 있다.

4. 참고구절: 엡 4:11; 행 8:26-40; 눅 19:1-10

사도성

1. 사도의 은사는 교회의 개척이나 조직 체계의 개발을 시작하며 감독하는 능력이다. 또한 새로운 것들을 기꺼이 시도하려는 태도, 위험을 무릅쓰는 능력이다.

2. 이 은사를 가진 사람은
   1) 새로운 사역이나 교회를 개척하고 설립한다.
   2) 그리스도의 몸에서 이들은 '하나님의 기업가'이다. 아무것도 없는 것에서 무엇인가를 만들어 낼 수 있다.
   3) 문화적인 감수성과 예지를 가지고 있어 다른 환경에도 잘 순응한다.
   4) 다른 지역이나 다른 나라에서 미개척된 사람들을 위해 사역하고자 한다.
   5) 여러 사역이나 여러 교회의 그룹을 감독하는 책임감을 가지고 있다.
   6) 교회의 사명에 대한 권위와 비전을 보여준다.

3. 이 은사를 가진 사람이 유의할 점
   1) 이런 유형이 리더의 위치가 아닐 경우엔 많은 오해를 받을 수도 있다.
   2) 그들의 권위를 오용함으로써 다른 사람 안에 있는 성령의 역사를 제지할 수도 있다는 것을 알아야 한다.
   3) 교회가 확인한 사람이어야 한다.
   4) 요구를 많이 하거나 회의적이 될 수도 있다.

5) 일을 마구 추진하고 저돌하다 보면 상대방을 향한 하나님의 뜻, 의도를 무시할 수도 있다.

6) 혼자서는 아무 일도 성립되지 않는다. 누군가가 계속 도와주고 수습하는 역할을 해 주어야 한다.

섬김·도움

1. 섬김의 은사는 교회 성도들 가운데 채워지지 않은 필요들을 인식하고 실제적인 도움을 신속하게, 흔쾌히, 그리고 남들이 알아주는 것을 바라지 않고 앞장서서 제공하는 능력이다.

2. 이 은사를 가진 사람은
   1) '경계'를 알리는 안테나를 가지고 있어 다른 사람들의 필요를 재빨리 인식하고 즉각적으로 행동을 취한다.
   2) 전형적으로 이타적이어서 보이지 않는 곳에서 다른 사람들이 좀 더 효과적으로 일할 수 있도록 돕는 것을 좋아한다.
   3) 교회 안팎의 사소하고 드러나지 않는 일을 찾아내기 좋아하며 부탁받지 않더라도 종종 그러한 일들을 하곤 한다.
   4) 사역을 돕는 일상적인 일에서도 영적 가치와 의미를 발견한다.
   5) 하나님께 소명을 받아 일하는 사람들의 짐을 덜어 주는 것을 즐거워한다.
   6) 전면에 나서는 것을 좋아하지는 않으나, 좋은 리더십을 갖고 있다.

3. 이 은사를 가진 사람이 유의할 점
   1) 자신의 은사를 존중해야 하며, 이러한 실제적 행동은 주님의 몸 된 교회를 위한 영적 헌신이라는 것을 기억해야 한다.

2) 개인적인 일정보다 지도자의 일정에 우선순위를 두는 반응이 필요하다.

3) 탈진(Burn out) 현상이 오지 않도록 유의해야 한다.

4. 참고 구절: 고전 12:28; 롬 12:7, 16:1-2

자비

1. 자비의 은사는 교회 성도들 가운데 고통을 당하는 사람들의 상처를 감지하고 마음으로 깊이 공감하는 능력이다. 낙심과 위기, 고통을 겪고 있는 사람들에게 자애롭고 격려가 되는 지원을 제공하는 능력이다.

2. 이 은사를 가진 사람은

1) 고통받는 사람들의 고통이나 불안의 근원을 경감시켜 주는 데 초점을 둔다.

2) 외롭고 잊혀진 사람들이 필요로 하는 것들을 찾아낸다.

3) 고난과 위기를 당한 사람들에게 사랑과 은혜와 위엄을 베푼다.

4) 일반 사람들이 감당하기 어렵고 포기하기 쉬운 대상들을 잘 감당한다.

5) 고생스럽고 어려운 환경에서도 기쁘게 봉사한다.

6) 압박받는 사람의 개인적 혹은 사회적 문제에 관심을 가진다.

3. 이 은사를 가진 사람이 유의할 점

1) 사람을 고통에서 구하려는 것이 오히려 그들에 대한 하나님의 역사를 방해할 수도 있다는 것을 알아야 한다.

2) 도움을 받은 어떤 사람들에게서 감사의 표현이나 표시가 없을 때에 오는 인정받지 못함에 대한 감정 처리가 필요하다.

3) 다른 사람의 고통의 근원에 대해 방어적이 되거나 분노하는 것을 조심해야 한다.

4) 자기의 구제나 긍휼, 행동으로 타인을 규탄하거나 비판하지 않아야 한다.

4. 참구 고절: 롬 12:8; 마 5:7; 막 10:46-52; 눅 10:25-37

나눔

1. 나눔의 은사는 그리스도의 몸 된 교회가 성장하고 더욱 강건해지도록 물질적인 자원들을 풍성하게 드리는 능력이다. 또한 다른 사람들이 사역하는 데 도움이 되는 것을 마련하고 관리하는 능력이다.

2. 이 은사를 가진 사람은

1) 주는 것이 자동적이며, 베푸는 것이 그들의 삶이다.

2) 도움이 필요한 사람이나 사업을 위해 기쁜 마음으로 풍성히 헌금한다.

3) 가능한 많은 물자를 내어놓기 위해 재정 관리를 하며 자신의 생활 양식을 절제한다.

4) 하나님의 일을 위해 더 많이 드리도록 자신에게 많은 자원을 허락하셨다고 믿는다.

5) 하나님께서 자신의 필요를 채워 주실 것을 믿으며, 후하고 기쁘게 물자를 제공한다.

6) 돈을 버는 특정한 능력을 가지고 있고 그것을 하나님의 일을 위해 사용한다.

3. 이 은사를 가진 사람이 유의할 점

    1) 자신의 은사를 존중하며, 물자 제공은 주님의 몸 된 교회에 대한 영적인 헌신이란 것을 기억해야 한다.

    2) 교회 일정은 구제하는 자의 은사에 의해서가 아니라 지도자에 의해서 결정된다는 것을 기억해야 한다.

    3) 탐욕을 조심해야 한다.

    4) 자신이 주었던 것들을 모두 잊어야 한다. 내 것을 준 것이 아니라 자신은 단지 통로였다는 사실에 늘 깨어 있어야 한다.

    5) 물질에 관계된 하나님의 일을 하는 데 적극적이어야 하고 자기 사업에 충실해야 한다.

4. 참고 구절: 롬 12:8; 고후 6:8; 눅 21:1-4

환대

1. 환대의 은사는 다른 사람들, 특히 교회 분위기에 익숙하지 않은 사람들이 따뜻하게 환영받고 있으며 수용되고 있다고 느끼도록 해 교회의 권속이 된다는 것을 편안하게 만드는 능력이다.

2. 이 은사를 가진 사람은

    1) 사람들이 가치 있고 관심을 받고 있다고 느낄 수 있는 환경을 제공한다.

    2) 새로운 사람을 만나도 그들이 환영받는다는 느낌을 갖도록 돕는다.

    3) 모든 사람이 즐거워할 수 있는 분위기를 제공하는 능력을 가지고 있다.

    4) 의미 있는 관계가 이루어지도록 사람들을 연결시키는 방법을 찾는다.

    5) 다른 사람들에게서 어떻게 최선의 것을 이끌어 낼 수 있는지를 알

고 있는 좋은 대화자이다.

6) 늘 상대방의 안위에 큰 관심을 가지고 있다.

7) 친숙하지 않은 환경에서도 사람들을 편하게 대한다.

8) 사람들에게 친교와 음식, 잠자리를 제공하며 본인의 집을 쉽게 공개한다.

3. 이 은사를 가진 사람이 유의할 점

1) 이 은사를 '남을 즐겁게 접대하는 일'로만 보지 말아야 한다.

2) 누가 친구가 되길 원하며 도움이 필요한지 하나님께 물어보아야 한다.

3) 손님을 집으로 초대할 때 자기 가족에게 부담이 되지 않도록 조심해야 한다.

4. 참고 구절: 벧전 4:9-10; 롬 12:13; 히 13:1-2

마무리

1. 인도자는 오늘 배운 내용에 대해서 간략하게 정리한 후, 훈련생 개인의 삶에 적용, 도전을 주며 통성기도를 이끌어 갑니다.

2. 마침 기도는 훈련생이 하도록 합니다. 마침 기도에 대해 미리 마음의 준비를 해 올 수 있도록, 한 주 전에 정해서 알려 주도록 합니다.

Memo

우리가 꿈꾸는 교회

☆ 오늘은 암송 시험이 있는 날입니다. 모임 시작 전 잠시 기도해 주시고, 시험지 배포 및 시험 시간(약 20분)을 가지십시오.

모임을 시작하기 전,

❶ 과제물과 "내 영혼의 거울"(개인별 점검표)을 모임 하루 전까지 총무에게 카톡 또는 메일로 제출할 수 있도록 사전에 공지

❷ 총무는 "내 영혼의 거울"(개인별 점검표)을 취합하여 반별 점검표를 작성한 후 과제물과 함께 목회자에게 제출

❸ 목회자는 모임 전에 미리 "내 영혼의 거울" 및 항목별 과제 점검

❹ 모임 시작 전, 각 개인의 영성생활을 점검해 주는 코멘트를 반드시 해 주시길 바랍니다.

1. 찬양

2. 합심기도

1) 지난 한 주간을 돌아보며, 회개의 시간을 가집니다.

2) 성령 하나님을 초청, 모임 가운데 충만하게 임재하여 달라고 간구합니다.

3) 제자훈련을 위한 분명한 소명과 은혜를 위해 기도합니다.

4) 인도자가 대표기도로 마무리를 하고 모임을 시작합니다.

3. 암송 시험

1) 한 명씩 돌아가며 제시된 두 구절을 외우도록 합니다.

① 예수께서 또 이르시되 너희에게 평강이 있을지어다 아버지께서 나를 보내신 것 같이 나도 너희를 보내노라 `요 20:21`

② 너희도 성령 안에서 하나님이 거하실 처소가 되기 위하여 그리스도 예수 안에서 함께 지어져 가느니라 `엡 2:22`

4. 과제 점검

1) "내 영혼의 거울" 중심으로 과제를 점검합니다.

2) 각 훈련생마다 영적생활을 점검해 줍니다. 잘한 부분은 칭찬, 부족한 부분은 잘할 수 있도록 동기부여를 해 줍니다.

5. 삶 나눔 및 생활숙제 나눔

1) 지난 한 주 동안 있었던 즐거웠던 일, 슬펐던 일 등 한 주간의 이슈를 나눕니다.

   ※ 슬프거나 안타까운 일을 들었을 때, 성령님의 인도하심에 따라 바로 합심기도를 해도 좋겠습니다.

2) 지난 주 과제였던 생활숙제 나눔을 가집니다.

6. Q.T 나눔

1) 정해진 본문을 묵상해 온 것을 함께 돌아가며 나누도록 합니다.

2) 시간을 고려하여 정해진 몇 명만 나눠도 괜찮습니다. 다음 주에는 나누는 인원이 겹치지 않고 골고루 나눌 수 있도록 유도합니다.

7. 독후감 나눔

1) 목회자는 가능하면 수업 전에 훈련생들이 제출한 『꿈만 같습니다』(김은호 저) 독후감 중 한두 가지를 선정하여 발표하게 합니다.

2) 『꿈만 같습니다』(김은호 저)를 읽고 느낀 점을 간단히 나눠 봅시다.

교회는 건물과 조직이 아닌, 예수 그리스도께서 중심이 되시는 살아 있는 공동체여야 합니다. 이와 같은 교회가 되기 위해서 우리는 교회에 대해 무엇을 정립해야 하며, 무엇을 행해야 할지 생각해 보는 시간을 가져 보고자 합니다. 하나님께서는 제자훈련생 모두를 흩어지는 교회로 부르셨음을 기억하며, 그것을 실천하기 위한 기틀이 잡히는 시간이 되길 원합니다.

Connect 말씀 속으로

1 교회란 무엇입니까?

1) 교회는 사람이 세운 건물, 조직, 시스템이 아닙니다. 교회는 누가 세웠습니까? (마 16:18)

18 또 내가 네게 이르노니 너는 베드로라 내가 이 반석 위에 내 교회를 세우리니 음부의 권세가 이기지 못하리라

▸ 나의 교회(예수님의 교회)

'나의 교회'란, 곧 '나의 불러냄을 받은 자들'입니다. 예수님께서 친히 불러내신 자들은 곧 '새 이스라엘'을 말합니다. 그래서 오늘날의 시대 역시 새 이스라엘로 구성된 교회로서 우리를 친히 불러 모으신 예수 그리스도만이 오직 그 중심이어야 합니다. 예수께서 교회의 머리가 되셔서 말씀과 성령으로 교회를 친히 다스리십니다.

2) '이 반석 위에'(마 16:18)라는 말은 무슨 뜻입니까?

▸ 베드로의 신앙고백 위에

'이 반석 위에'란 뜻은 베드로 자신이 아닌, 베드로의 신앙고백 위에 교회를 세우신다는 뜻입니다. 교회는 바로 반석 되시는 예수 그리스도 위에 설 때에만 흔들리지 않을 수 있게 됩니다. 그래서 음부의 권세가 교회를 이길 수 없습니다. 교회의 본질은 예수 그리스도이시기 때문에 그렇습니다.

3) 교회의 기초는 무엇입니까? (엡 1:22, 2:20; 행 20:28)

엡 1:22 또 만물을 그의 발 아래에 복종하게 하시고 그를 만물 위에 교회의 머리로 삼으셨느니라

엡 2:20 너희는 사도들과 선지자들의 터 위에 세우심을 입은 자라 그리
스도 예수께서 친히 모퉁잇돌이 되셨느니라 .

행 20:28 여러분은 자기를 위하여 또는 온 양 떼를 위하여 삼가라 성령
이 그들 가운데 여러분을 감독자로 삼고 하나님이 자기 피로 사신 교회를
보살피게 하셨느니라

▸ 교회의 모든 것 - 예수 그리스도

에베소서 1장 22절은 그리스도를 단지 영적 존재뿐 아니라, 만물
을 통치하시는 분으로 선포합니다. 그리스도는 온 우주 만물의 주님
이 되셨습니다. 그래서 예수님만이 사탄과 죄의 세력으로부터 교회
를 지키시고 보호하실 수 있습니다.

예수님을 만물 위에 교회의 머리로 삼으셨다는 말을 좀 더 정확히
이해해 보려고 합니다. 이 구절에서 '교회의'는 헬라어로 '테 에클레
시아'인데, '교회의'는 속격의 의미보다는, '교회에게' 또는 '교회를
위하여'의 여격(간접목적어 역할)으로 번역하는 것이 더 정확합니
다. 이렇게 해석해 보면, '하나님께서 예수님을 만물 위에 계신 머리
로 교회에 주셨습니다'[17]입니다. 이것은 곧 만물을 다스리시는 머리
로서의 예수님이 교회를 지키시고 보호하시며, 교회로 하여금 전신
갑주를 입고 싸우게 하신다는 것입니다.

그리고 2장 20절 말씀을 살펴봅니다. 사도 바울은 에베소 교회의
이방인 성도들이 '하나님의 성전'이라고 말합니다. 그리고 그 성전

---

17) 길성남, 『에베소서 어떻게 읽을 것인가』, 성서유니온선교회(2016)

은 사도들과 선지자들의 토대 위에 세워졌다고 말합니다. 교회는 바로 그들이 전한 그리스도의 복음 위에 세워졌습니다. 그리고 예수님께서는 친히 교회의 모퉁잇돌이 되셨다고 증거합니다. 모퉁잇돌은 잘 다듬어진 사각형의 커다란 돌로서 건물 토대의 모서리에 놓이며, 전체 건물의 기초와 형태를 결정짓고 동시에 벽들을 세우는 기준이 됩니다. 이처럼 예수 그리스도는 영적 성전, 즉 교회의 기초를 형성하고 교회의 형태를 결정지을 뿐 아니라, 교회를 한 건물이 되게 해 주는 모퉁잇돌과 같은 구실을 하는 분이십니다.

하나님 아버지께서는 이런 신약의 교회를 예수님의 피로 인해 특별한 소유로 삼으셨음을 성령님을 통해 증거하게 하십니다(행 20:28).

4) 바울은 교회를 어떻게 묘사합니까? (고전 1:2)

> **2** 고린도에 있는 하나님의 교회 곧 그리스도 예수 안에서 거룩하여지고 성도라 부르심을 받은 자들과 또 각처에서 우리의 주 곧 그들과 우리의 주 되신 예수 그리스도의 이름을 부르는 모든 자들에게

‣ 고린도에 있는 하나님의 교회

바울은 "고린도에 있는 하나님의 교회"라고 말합니다. 한 지역의 그리스도인 공동체는 그 수나 장소와 관계없이 그 지역에 있는 "하나님의 교회"로서, 그 지역에서 하나님으로부터 불러 모아진 하나님의 백성을 구체적으로 표현하는 것입니다. 이것은 곧 고린도 지역에

여러 교회가 있다고 하더라도, 하나님께서 보실 때는 다 같이 하나인 하나님의 교회라는 것입니다.

2 교회는 세상으로 보냄 받은 제자 공동체입니다. 아래 성경 구절을 묵상하고, 설명해 봅시다.

1) 요한복음 20:21

> **21** 예수께서 또 이르시되 너희에게 평강이 있을지어다 아버지께서 나를 보내신 것 같이 나도 너희를 보내노라

▸ 세상으로 파송하시는 예수님

부활하신 예수님께서 제자들에게 나타나셔서 그들을 세상으로 파송하시는 장면이 기록되어 있습니다. 이는 제자의 삶을 살아가길 원하는 우리에게도 동일하게 적용됩니다. 교회로서의 우리는 세상을 살아가지만, 세상에 속한 삶이 아닌, 세상에 파송받은 삶을 살아가는 존재입니다.

2) 마태복음 28:18-20

> **18** 예수께서 나아와 말씀하여 이르시되 하늘과 땅의 모든 권세를 내게 주셨으니 **19** 그러므로 너희는 가서 모든 민족을 제자로 삼아 아버지와 아들과 성령의 이름으로 세례를 베풀고 **20** 내가 너희에게 분부한 모든 것을 가르쳐 지키게 하라 볼지어다 내가 세상 끝날까지 너희와 항상 함께 있으리라 하시니라

▸ 능력이 크신 예수님께서 나와 함께하신다

예수님의 대위임령 역시 우리를 모든 민족에게로 보내십니다. 그런데 우리를 보내신 분은 하늘과 땅의 모든 권세를 가지신 능력이 많은 분이십니다. 따라서 세상을 향해 나아가는 '우리'라는 교회는 두려워하지 않아도 됩니다. 왜냐하면 능력이 참으로 많으신 분이 우리와 세상 끝 날까지 함께하시겠다고 약속하셨기 때문입니다. 이제 마음껏 세상을 향해 나아가 변화를 일으키는 하나님의 교회로서의 삶을 살아갑시다.

3) 에베소서 2:20

> **20** 너희는 사도들과 선지자들의 터 위에 세우심을 입은 자라 그리스도 예수께서 친히 모퉁잇돌이 되셨느니라

▸ 복음의 비밀을 알리는 자가 되어라

교회는 사도들과 선지자들의 터 위에 세워졌습니다. 이는 지금의 교회가 그들의 연장선상에 있다는 말입니다. '움직이는 교회'인 우리도 사도들과 선지자들처럼 복음의 비밀을 알리는 자들이 되어야 합니다.

4) 사도행전 1:8

> **8** 오직 성령이 너희에게 임하시면 너희가 권능을 받고 예루살렘과 온 유대와 사마리아와 땅 끝까지 이르러 내 증인이 되리라 하시니라

▸ 안전지대를 벗어나 세상의 사각지대로 가라

진정한 증인은 한 자리에 머물러 있을 수 없습니다. 참된 증인은 자신이 처한 곳에서 점점 그 영역을 넓혀, 안전지대를 벗어나 복음의 사각지대로 나아갑니다. 교회는 이런 증인들의 집합소입니다. 교회는 증인들이 점점 더 넓은 세상으로 담대히 나아갈 수 있도록 돕는 역할을 해야 합니다.

5) 이처럼 교회는 세상으로 보냄을 받았습니다. 현재 당신이 섬기는 교회는 보냄 받은 교회로서 선교 사명을 감당하고 있습니까?

교회는 언제나 세상을 향해야 합니다. 교회 안에만 머물러 있다면, 결국 썩게 되고 세상은 어두워져 갈 것입니다. 그런데 교회는 바로 우리 자신입니다. 우리 자신이 안전지대에만 머물러 복음을 전하지 않는다면, 우리 영혼은 어느새 건강함을 잃게 됩니다. 반대로 우리 자신이 나아가 복음을 전하기 시작할 때, 우리가 속한 교회는 죽어 가는 영혼이 돌아오는 활력이 넘치는 공동체가 될 것입니다. 그리고 하나님의 능력을 경험하는 살아 있는 교회가 될 것입니다.

3 사도행전에서는 건강한 교회의 모형으로 안디옥 교회를 보여 줍니다. 사도행전 11장 19-30절을 읽어 봅시다(참조. 행 13:1-3).

행 11:19-30 **19** 그 때에 스데반의 일로 일어난 환난으로 말미암아 흩어진 자들이 베니게와 구브로와 안디옥까지 이르러 유대인에게만 말씀을 전하는데 **20** 그 중에 구브로와 구레네 몇 사람이 안디옥에 이르러 헬라인에게도 말하여 주 예수를 전파하니 **21** 주의 손이 그들과 함께 하시매 수많은 사람들이 믿고 주께 돌아오더라 **22** 예루살렘 교회가 이 사람들의 소문을 듣고 바나바를 안디옥까지 보내니 **23** 그가 이르러 하나님의 은혜를 보고 기뻐하여 모든 사람에게 굳건한 마음으로 주와 함께 머물러 있으라 권하니 **24** 바나바는 착한 사람이요 성령과 믿음이 충만한 사람이라 이에 큰 무리가 주께 더하여지더라 **25** 바나바가 사울을 찾으러 다소에 가서 **26** 만나매 안디옥에 데리고 와서 둘이 교회에 일 년간 모여 있어 큰 무리를 가르쳤고 제자들이 안디옥에서 비로소 그리스도인이라 일컬음을 받게 되었더라 **27** 그 때에 선지자들이 예루살렘에서 안디옥에 이르니 **28** 그 중에 아가보라 하는 한 사람이 일어나 성령으로 말하되 천하에 큰 흉년이 들리라 하더니 글라우디오 때에 그렇게 되니라 **29** 제자들이 각각 그 힘대로 유대에 사는 형제들에게 부조를 보내기로 작정하고 **30** 이를 실행하여 바나바와 사울의 손으로 장로들에게 보내니라 행 13:1-3 1 안디옥 교회에 선지자들과 교사들이 있으니 곧 바나바와 니게르라 하는 시므온과 구레네 사람 루기오와 분봉 왕 헤롯의 젖동생 마나엔과 및 사울이라 2 주를 섬겨 금식할 때에 성령이 이르시되 내가 불러 시키는 일을 위하여 바나바와 사울을 따로 세우라 하시니 3 이에 금식하며 기도하고 두 사람에게 안수하여 보내니라

1) 안디옥 교회는 어떤 사람들이 세웠습니까? (19절; 참조. 13:1)

▸ 무명의 전도자(선교사)들

스데반의 순교를 시작으로 교회가 핍박을 받고 흩어진 자들(헬라어로 디아스포라), 즉, 무명의 선교사들을 통해서 교회가 북쪽으로 확산이 됩니다(19절). 그중 안디옥으로 복음이 흘러가 교회를 이루게 되는 장면이 오늘의 본문에 기록되어 있습니다(20-21절).

그리고 무명의 전도자들이 세운 교회에 다섯 명의 지도자 그룹이 등장을 합니다. 레위 사람 바나바, 니게르('검은', 즉 흑인)라 하는 시므온(히브리 이름), 구레네(북아프리카) 사람 루기오, 분봉 왕 헤롯(헤롯 대제의 아들인 헤롯 안디바)의 젖동생('친밀한 친구'의 의미) 마나엔, 사울(사도 바울)입니다. 지도자들의 배경을 통해서 알 수 있는 것은, 안디옥 교회에 인종적, 문화적 다양성이 존재했다는 사실입니다. 다음 질문에서 좀 더 살펴보겠습니다.

2) 안디옥 교회는 어떤 교회였습니까? (21절)

‣ 주의 능력과 회심이 임한 교회

주의 손은 주의 능력을 나타냅니다. 주의 능력이 무명의 전도자들과 함께하니 안디옥의 수많은 사람이 회심하여 주님께 돌아왔습니다. 주목해 볼 점은 안디옥 교회가 유대인만이 아니라, 이방인들이 함께한 최초의 국제적 공동체였다는 것입니다[18]. 19절에 '유대인에게만' 말씀을 전하였다는 기록과 20절에 '헬라인에게도' 말하였다는 기록이 공존합니다. 따라서 위에 언급한 지도자들 역시 다양성을 띠게 된 것입니다.

3) 주의 손이 어떻게 함께하셨습니까? (21절) 그로 인해 교회의 영적 분위기는 어땠습니까? (23절)

‣ 주의 손은 복음과 함께 / 복음으로 살아 역동하는 교회 분위기

주의 손은 21절 하반절과 긴밀한 연관성이 있습니다. 전도자들이 주 예수를 전파할 때, 예수 그리스도가 그들과 함께하셨기에 수많은 사람이 주께 돌아오게 된 것입니다. 그러므로 교회는 반드시 복음을 전파해야만 합니다. 그러할 때, 주의 손이 함께하심을 경험하게 됩니다.

18) 존 스토트, 『사도행전』, IVP(2019)

이렇게 복음이 전파되어 안디옥 교회가 세워지자, 예루살렘 교회는 바나바를 안디옥 교회로 파견합니다. 바나바는 안디옥 교회에 임한 하나님의 은혜를 직접 경험하고 기뻐합니다. 그리고 모든 성도에게 굳건한 마음으로 주와 함께 머물러 있으라고 권합니다. 이는 '인내심을 가지고 전심으로 주를 섬기라'는 권고입니다.

이렇게 예루살렘 교회의 지도자 중 한 사람이었던 바나바가 다녀간 후, 안디옥 교회는 더 큰 무리가 주께 더해집니다(24절). 사도행전 2장 47절 하반절[19]의 기록을 보면, 교회에 사람을 더하시는 주체는 주님이십니다. 그런데 안디옥 교회의 기록은 좀 더 독특합니다. '주께서 주께 더하시는 것'을 볼 수 있습니다. 이를 통해 볼 수 있는 것은 교회에 사람을 더하시는 주체는 오직 주님이십니다. 따라서 우리는 복음을 전하는 도구일 뿐이지, 그 일을 이뤄 내는 주체라는 교만은 버려야 합니다. 어찌되었든 안디옥 교회는 주의 손이 함께하심으로 주께서 큰 무리를 더하시는 즉, 천상에 계시지만 여전히 성령으로 역사하시는 주님을 경험하는, 살아 있고 생동감 넘치는 교회였습니다.

---

19) 주께서 구원 받는 사람을 날마다 더하게 하시니라

4) 사람들은 안디옥 교회 신자들에게 어떤 이름을 붙여 주었습니까? (26절)

▶ **그리스도인**

바나바와 바울은 안디옥 교회의 큰 무리를 1년 동안 가르칩니다. 그들을 지켜본 안디옥의 믿지 않는 사람들은 그들에게 별명을 붙여 주었습니다. '크리스티아노이[20]', 즉 그리스도인이라 부르기 시작했습니다. 이것은 조롱하는 말이라기보다는, 친숙하고 익살맞은 표현이었을 것입니다(각주 참고). 이 단어는 그리스도의 사람, 그를 추종하는 자들이라는 의미를 담고 있습니다. 하지만 이 단어는 점차적으로 그리스도 중심적인 제자도의 특성을 강조하는 말로 자리잡았습니다.

5) 안디옥 교회는 세상으로 사랑을 흘려 보냈습니다. 그 내용은 무엇입니까? (29-30절)

▶ **구제 헌금(진리의 실천)**

28절에 근거, 예루살렘 교회는 경제적 어려움을 겪게 됩니다. 안디옥 교회는 1년 동안 바나바와 바울에게 배우고 익힌 진리의 말씀에 따라 형제가 어려움을 당하고 있을 때, 구제 헌금을 결단만 하지

---

20) 헬라어 '헤로디이노이'는 헤롯의 사람들, '카이사리아노이'는 황제의 사람들이라는 뜻이다.

않고 실행에 옮깁니다. 자신의 것을 자신의 것으로 여기지 않았던 초대교회 공동체의 정신이 그대로 이어지고 있는 것입니다. 안디옥 교회는 앞에서 언급한 대로, 국제적인 교회였음에도, 인종과 문화를 초월하여 예루살렘 교회의 어려움을 돕습니다. 진정한 우주적 형제애를 보여 주는 대목입니다. 이처럼 진정한 신앙은 진리를 아는 것에 그치는 것이 아니라, 실천하는 것에 있습니다.

6) 당신이 섬기는 교회는 안디옥 교회와 어떤 부분이 닮았습니까?

예) 오륜교회는 외적으로 다니엘기도회를 통해 일만 교회 이상을 영적으로, 물질적으로 돕고 있습니다. 내적으로 '섬김과 나눔을 실천하는 위원회'를 통해 한 해 300명 이상의 경제적 어려움에 처한 영혼을 돌보고 있습니다. 그리고 병원전도, 교정전노, 노방전도 등 다양한 방법으로 그리스도의 복음을 전하고 있습니다. 무엇보다 오륜교회는 지역사회에 건강한 교회로 인정을 받고 있습니다. 이를 통해 믿는 자들의 수가 날마다 더해지는 은혜를 경험하고 있습니다.

지금까지 배운 내용을 토대로 '내가 꿈꾸는 교회 BEST 5'라는 주제로 글을 작성하고, 왜 그렇게 생각하는지 소그룹에서 나누어 봅시다. 그리고 자신이 섬기는 교회가 그런 교회가 되도록 함께 중보기도합시다.

훈련생들이 마음에 품고 있는 이상적인 교회의 모습을 살펴보고, 그것이 성경과 부합하는지를 나눠 보며, 우리 교회가 더욱 그와 같은 교회로 나아갈 수 있도록 격려합시다. 훈련생들이 곧 흩어지는 교회이기 때문입니다.

〈내가 꿈꾸는 교회 BEST 5〉	
1	
2	
3	
4	
5	

마무리

1. 인도자는 오늘 배운 내용에 대해서 간략하게 정리한 후, 훈련생 개인의 삶에 적용, 도전을 주며 통성기도를 이끌어 갑니다.

2. 마침 기도는 훈련생이 하도록 합니다. 마침 기도에 대해 미리 마음의 준비를 해 올 수 있도록, 한 주 전에 정해서 알려 주도록 합니다.

6과

하나님의 임재가
충만한 교회

❷ 총무는 "내 영혼의 거울"(개인별 점검표)을 취합하여 반별 점검표를 작성한 후 과제물과 함께 목회자에게 제출

❸ 목회자는 모임 전에 미리 "내 영혼의 거울" 및 항목별 과제 점검

❹ 모임 시작 전, 각 개인의 영성생활을 점검해 주는 코멘트를 반드시 해 주시길 바랍니다.

1. 찬양

2. 합심기도

1) 지난 한 주간을 돌아보며, 회개의 시간을 가집니다.

2) 성령 하나님을 초청, 모임 가운데 충만하게 임재하여 달라고 간구합니다.

3) 제자훈련을 위한 분명한 소명과 은혜를 위해 기도합니다.

4) 인도자가 대표기도로 마무리를 하고 모임을 시작합니다.

3. 암송 시험

1) 한 명씩 돌아가며 제시된 두 구절을 외우도록 합니다.

① 아버지께 참되게 예배하는 자들은 영과 진리로 예배할 때가 오나니 곧 이 때라 아버지께서는 자기에게 이렇게 예배하는 자들을 찾으시느니라 하나님은 영이시니 예배하는 자가 영과 진리로 예배할지니라 요 4:23-24

② 그러므로 형제들아 내가 하나님의 모든 자비하심으로 너희를 권하노니 너희 몸을 하나님이 기뻐하시는 거룩한 산 제물로 드리라 이는 너희가 드릴 영적 예배니라 롬 12:1

4. 과제 점검

1) "내 영혼의 거울" 중심으로 과제를 점검합니다.

2) 각 훈련생마다 영적생활을 점검해 줍니다. 잘한 부분은 칭찬, 부족한 부분은 잘할 수 있도록 동기부여를 해 줍니다.

5. 삶 나눔 및 생활숙제 나눔

1) 지난 한 주 동안 있었던 즐거웠던 일, 슬펐던 일 등 한 주간의 이슈를 나눕니다.

※ 슬프거나 안타까운 일을 들었을 때, 성령님의 인도하심에 따라 바로 합심기도를 해도 좋겠습니다.

2) 지난 주 과제였던 생활숙제 나눔을 가집니다.

6. Q.T 나눔

1) 정해진 본문을 묵상해 온 것을 함께 돌아가며 나누도록 합니다.

2) 시간을 고려하여 정해진 몇 명만 나눠도 괜찮습니다. 다음 주에는 나누는 인원이 겹치지 않고 골고루 나눌 수 있도록 유도합니다.

하나님의 임재가 사라진 유럽교회의 모습이 오늘날 우리의 현실이 될 수도 있습니다. 그러하기에 교회를 교회답게 지키기 위한 철저한 대비가 필요합니다. 하나님의 영광의 임재가 가득한 교회야말로 교회가 추구해야 할 모습입니다. 그런 교회, 그런 각 예배자가 되기 위해서 우리는 무엇을 해야 할지 오늘 공부를 통해 함께 생각해 봅시다.

Connect 말씀 속으로

1 하나님이 교회를 세우신 목적은 무엇입니까?

1) 이사야 43:21

21 이 백성은 내가 나를 위하여 지었나니 나를 찬송하게 하려 함이니라

▸ 찬송을 받으시려고

우리의 토기장이인 하나님께서는 이스라엘 백성에게 온전한 찬양을 받기 원하십니다. 비록 이스라엘이 바벨론의 포로가 되는 상황일지라도, 여전히 하나님께서는 온전한 찬양을 받으시기 위해 이스라엘을 연단하시며 거룩하게 빚어 가십니다.

2) 요한복음 4:23-24

23 아버지께 참되게 예배하는 자들은 영과 진리로 예배할 때가 오나니 곧 이 때라 아버지께서는 자기에게 이렇게 예배하는 자들을 찾으시느니라 **24** 하나님은 영이시니 예배하는 자가 영과 진리로 예배할지니라

▸ 예배자 그리고 예배를 받으시려고

하나님은 참되게 예배하는 자들을 찾으시며, 그 예배를 기뻐 받으시길 원하십니다. 참된 예배자는 영과 진리로 예배하는 자입니다. 참된 예배는 예배 가운데 말씀하시는 성령님을 경험할 수 있을 정도로 민감한 것입니다. 그리고 말씀하시는 하나님을 자신의 삶 속에 지속적으로 실천할 수 있는 일관성이 바로 진리에 입각한 예배자입니다. 진정한 예배는 성령으로 충만하여 진리의 말씀을 듣고 실천하는 것입니다. 하나님은 장소와 형식을 뛰어넘는 예배자를 찾으시고, 그러한 예배를 기뻐 받으십니다.

2 하나님은 자기 백성이 드리는 예배를 기쁘게 받으십니다. 이 사실을 역대하 7장 1-3절에서 확인할 수 있습니다.

1) 솔로몬이 기도를 마쳤을 때, 어떤 일이 일어났습니까? (1절)

1 솔로몬이 기도를 마치매 불이 하늘에서부터 내려와서 그 번제물과 제물들을 사르고 여호와의 영광이 그 성전에 가득하니

▸ **불이 하늘에서부터 내려와서 번제물과 제물들을 사르고 여호와의 영광이 성전에 가득하였다**

불이 하늘에서 내려와 번제물과 제물들을 살랐다는 것은 하나님께서 그것을 받으셨다는 신적 승인을 말합니다. 그리고 여호와의 영광이 성전에 가득했다는 것은 하나님께서 실제로 성전 안에 임재하여 계심을 나타냅니다.

2) 불, 구름, 언약궤는 무엇을 의미합니까?
   (대하 5:2; 출 13:22; 40:34-35)

대하 5:2 이에 솔로몬이 여호와의 언약궤를 다윗 성 곧 시온에서부터 메어 올리고자 하여 이스라엘 장로들과 모든 지파의 우두머리 곧 이스라엘 자손의 족장들을 다 예루살렘으로 소집하니
출 13:22 낮에는 구름 기둥, 밤에는 불 기둥이 백성 앞에서 떠나지 아니하니라

출 40:34-35 34 구름이 회막에 덮이고 여호와의 영광이 성막에 충만하
매 35 모세가 회막에 들어갈 수 없었으니 이는 구름이 회막 위에 덮이고
여호와의 영광이 성막에 충만함이었으며

▸ 하나님의 임재와 동행하심

언약궤는 하나님의 임재를 상징합니다. 그래서 솔로몬은 다윗성
에 있던 언약궤를 완성된 예루살렘성으로 옮겨 오고자 했습니다. 성
전에 하나님의 임재의 상징인 언약궤는 반드시 필요한 것이었기 때
문입니다.

출애굽한 이스라엘 백성이 광야에서 하나님의 임재를 보여 주는
구름기둥과 불기둥을 경험합니다. 이는 하나님께서 동행하고 계시
다는 뜻이며, 하나님의 동행은 곧 특별한 신적 돌봄과 보호를 나타
냅니다.

출애굽기의 마지막 장인 40장에서는 성막 봉헌의 장면이 기록되
어 있습니다. 이때 역시 구름이 등장합니다. 이는 하나님 영광(임재)
의 가시적 현상을 나타냅니다. 얼마나 압도적이었는지 모세가 회막
에 들어갈 수조차 없었습니다.

3) 하나님의 영광스러운 임재를 경험한 사람들은 어떻게 반응했
   습니까? (2절; 참고. 대하 5:13-14; 왕상 8:10-11)

대하 7:2 여호와의 영광이 여호와의 전에 가득하므로 제사장들이 여호와의 전으로 능히 들어가지 못하였고

대하 5:13-14 13 나팔 부는 자와 노래하는 자들이 일제히 소리를 내어 여호와를 찬송하며 감사하는데 나팔 불고 제금 치고 모든 악기를 울리며 소리를 높여 여호와를 찬송하여 이르되 선하시도다 그의 자비하심이 영원히 있도다 하매 그 때에 여호와의 전에 구름이 가득한지라 **14** 제사장들이 그 구름으로 말미암아 능히 서서 섬기지 못하였으니 이는 여호와의 영광이 하나님의 전에 가득함이었더라

왕상 8:10-11 10 제사장이 성소에서 나올 때에 구름이 여호와의 성전에 가득하매 **11** 제사장이 그 구름으로 말미암아 능히 서서 섬기지 못하였으니 이는 여호와의 영광이 여호와의 성전에 가득함이었더라

▸ **압도당함**

하나님의 영광스러운 임재 속에 제사장들은 감히 그 앞에 서서 섬기지 못할 정도로 압도당합니다. 이처럼 피조물인 인간은 전능하신 하나님 앞에서 겸손하게 반응하게 됩니다.

4) 하나님의 영광을 볼 수 있습니까? (3절; 출 40:38)

> **대하 7:3** 이스라엘 모든 자손은 불이 내리는 것과 여호와의 영광이 성전 위에 있는 것을 보고 돌을 깐 땅에 엎드려 경배하며 여호와께 감사하여 이르되 선하시도다 그의 인자하심이 영원하도다 하니라
>
> **출 40:38** 낮에는 여호와의 구름이 성막 위에 있고 밤에는 불이 그 구름 가운데에 있음을 이스라엘의 온 족속이 그 모든 행진하는 길에서 그들의 눈으로 보았더라

‣ 볼 수 있음

이스라엘 백성은 살아 계신 하나님의 임재를 다양한 모습으로 보게 됩니다. 특별히 역대하에서는 불과 구름(대하 5:14[21])으로 임하신 하나님의 영광을 경험하였는데, 이는 출애굽 1세대가 광야에서 경험한 것과 동일합니다. 하나님은 이스라엘 백성에게 구름기둥과 불기둥으로 나타나셨습니다.

---

21) 제사장들이 그 구름으로 말미암아 능히 서서 섬기지 못하였으니 이는 여호와의 영광이 하나님의 전에 가득함이었더라

5) 하나님의 영광을 본다는 것은 구체적으로 어떤 의미입니까?

① 언약궤 (히 9:4)

4 금 향로와 사면을 금으로 싼 언약궤가 있고 그 안에 만나를 담은 금 항아리와 아론의 싹난 지팡이와 언약의 돌판들이 있고

▶ 하나님의 함께하심, 공급하심, 지도하심, 말씀하심을 경험

이스라엘 백성은 언약궤를 통해서 하나님의 함께하심을 경험하게 됩니다. 특별히 언약궤 안에 있는 것들을 통해 구체적으로 하나님께서 그 백성과 어떻게 함께하시는지 그 내용을 알려 주십니다. 만나를 통해서 공급하심을, 아론의 싹난 지팡이를 통해 지도하심을, 언약의 돌판들을 통해서 말씀하심을 알려 주십니다. 이처럼 하나님의 영광은 가시적으로 보는 것만이 아니라, 하나님의 함께하심을 우리 삶에 구체적으로 경험하게 하십니다.

② 오벧에돔 (대상 13:14; 26:5-8)

대상 13:14 하나님의 궤가 오벧에돔의 집에서 그의 가족과 함께 석 달을 있으니라 여호와께서 오벧에돔의 집과 그의 모든 소유에 복을 내리셨더라

대상 26:5-8 **5** 여섯째 암미엘과 일곱째 잇사갈과 여덟째 브울래대이니 이는 하나님이 오벧에돔에게 복을 주셨음이라 **6** 그의 아들 스마야도 두어 아들을 낳았으니 그들의 조상의 가문을 다스리는 자요 큰 용사라 **7** 스마야의 아들들은 오드니와 르바엘과 오벳과 엘사밧이며 엘사밧의 형제 엘리후와 스마갸는 능력이 있는 자이니 **8** 이는 다 오벧에돔의 자손이라 그들과 그의 아들들과 그의 형제들은 다 능력이 있어 그 직무를 잘하는 자이니 오벧에돔에게서 난 자가 육십이 명이며

▸ **가문에 임하는 복을 경험**

하나님의 궤가 오벧에돔의 집에 있음으로 그의 가문에 복이 임합니다. 그 복은 자손과 소유의 복이었습니다. 오벧에돔의 자손은 용맹스런 큰 용사가 되고, 맡겨진 직무를 잘 감당하는 유능한 자들이 됩니다. 또한 그의 소유에 내린 복으로 부족함이 없는 삶을 살았을 것입니다. 오벧에돔의 가문은 하나님께서 주신 복으로 세상에 하나님의 영광을 드러내는 가문이 되었습니다.

6) 삶 속에서 하나님의 영광을 경험해 본 적이 있다면, 함께 나누어 봅시다.

살아 계신 하나님을 실제로 경험한 이야기를 함께 나눠 봅시다. 또한 나의 가정, 가문, 소유에 임한 복으로 하나님의 영광을 드러낸 이야기도 함께 나눠 봅시다. 이를 통해 하나님이 말씀 속에만 계신 분이나, 과거의 역사에만 계신 분이 아니라, 오늘날에도 여전히 우리

삶에 살아 역사하시는 분임을 함께 나눠 봅시다.

3 '하나님의 영광'은 하나님 백성에게서 떠날 수도 있습니다. 사무엘상 4장 21-22절에서 이 사실을 확인하고 교훈을 얻도록 합시다.

1) 하나님의 영광이 이스라엘 백성에게서 떠나신 이유는 무엇입니까? (21-22절)

> **21** 이르기를 영광이 이스라엘에서 떠났다 하고 아이 이름을 이가봇이라 하였으니 하나님의 궤가 빼앗겼고 그의 시아버지와 남편이 죽었기 때문이며 **22** 또 이르기를 하나님의 궤를 빼앗겼으므로 영광이 이스라엘에서 떠났다 하였더라

▶ **하나님의 궤가 블레셋에게 빼앗겼기 때문에**

하나님의 임재의 상징인 하나님의 궤가 블레셋과의 전쟁에서 패함으로 인해 빼앗깁니다. 이스라엘 백성은 하나님의 궤만 있으면 무조건 이길 수 있다고 생각했습니다. 하지만, 하나님의 영이 이미 떠나버린 이스라엘, 그리고 언약궤는 아무 의미가 없습니다. 언약궤가 있다고 기계적으로 승리가 보장되지 않습니다. 오직 이스라엘 백성의 거룩과 순종이 있을 때에만 이길 수 있도록 해 주십니다. 이런 측면에서 엘리 제사장의 두 아들 홉니와 비느하스는 거룩함을 상실했습니다. 그들은 하나님의 전에 바쳐진 제물을 가로채고, 회막의 수종을 드는 여인을 범하는 악한 자들이었습니다(참고, 삼상 2:12-17, 22).

2) 비느하스의 아들은 누구입니까? 그의 이름은 무슨 뜻입니까?
   (21절)

21 이르기를 영광이 이스라엘에서 떠났다 하고 아이 이름을 이가봇이라 하였으니 하나님의 궤가 빼앗겼고 그의 시아버지와 남편이 죽었기 때문이며

▸ **이가봇의 의미 : 하나님의 영광이 더 이상 없다**

3) 당신은 언제 하나님의 영광이 떠난다고 생각합니까? 그렇게 생각하는 이유는 무엇입니까? (참고. 출 3:5)

5 하나님이 이르시되 이리로 가까이 오지 말라 네가 선 곳은 거룩한 땅이니 네 발에서 신을 벗으라

▸ **거룩함의 상실과 불순종 / 하나님은 거룩하시기 때문에**

3-1번의 답에서 보듯이 홉니와 비느하스는 거룩함을 상실하였습니다. 당시 이스라엘 백성은 하나님의 말씀과 이상이 희귀한 시대를 살아가고 있었습니다(삼상 3:1[22]). 곧 하나님께 불순종함으로 말미

---

22) 아이 사무엘이 엘리 앞에서 여호와를 섬길 때에는 여호와의 말씀이 희귀하여 이상이 흔히 보이지 않았더라

암아 하나님의 말씀이 들리지 않는 흑암의 시대를 살고 있었다는 말입니다. 거룩하신 하나님(레 11:45b[23])께서는 거룩하지 않은 백성과 함께하실 수 없고, 불순종하는 이스라엘 백성과 더 이상 함께하실 수 없으시기에 그들을 떠나셨습니다.

4 하나님의 영광은 떠날 수도 있고, 다시 나타날 수도 있습니다. 하나님의 영광은 언제 다시 나타났습니까?

1) 기도할 때 (대하 7:1; 참고. 행 1:14; 2:2)

> **대하 7:1** 솔로몬이 기도를 마치매 불이 하늘에서부터 내려와서 그 번제물과 제물들을 사르고 여호와의 영광이 그 성전에 가득하니
>
> **행 1:14** 여자들과 예수의 어머니 마리아와 예수의 아우들과 더불어 마음을 같이하여 오로지 기도에 힘쓰더라
>
> **행 2:2** 홀연히 하늘로부터 급하고 강한 바람 같은 소리가 있어 그들이 앉은 온 집에 가득하며

솔로몬이 하나님 앞에 성전을 봉헌하며 기도할 때 하나님의 현현을 가시적으로 보여 주는 불이 하늘로부터 임하게 됩니다. 사도행전 1-2장의 기록에도 보면, 성령 하나님께서 강림하시기 전에 마가 다락방에 모인 120명의 간절한 기도가 선행되고 있을 때, 급하고 강

---

23) 내가 거룩하니 너희도 거룩할지어다

한 바람같이 성령 하나님께서 임하십니다. 사도행전 2장 3절의 말씀을 보면, 성령 하나님께서 각 사람 위에 마치 불의 혀처럼 임하셨다고 기록합니다. 이처럼 하나님의 임재를 간절히 소망하며, 그 뜻대로 행하기를 소원하며 기도하는 자들 위에 하나님의 영광이 머무릅니다.

2) 찬양할 때 (대하 5:13)

13 나팔 부는 자와 노래하는 자들이 일제히 소리를 내어 여호와를 찬송하며 감사하는데 나팔 불고 제금 치고 모든 악기를 울리며 소리를 높여 여호와를 찬송하여 이르되 선하시도다 그의 자비하심이 영원히 있도다 하매 그 때에 여호와의 전에 구름이 가득한지라

솔로몬에 의해 언약궤가 성전 안에 지성소로 들어옵니다. 이 과정 속에서 레위인 찬양대의 찬양이 울려 퍼집니다. 그들은 하나님의 선하심과 자비하심(헤세드)을 노래합니다. 이스라엘이 언제나 선하신 하나님, 이스라엘 백성을 향한 '견고한 하나님의 사랑'(헤세드)을 노래하자, 하나님께서는 구름을 통해 찬양을 받으셨음을 보여 주십니다. 이처럼 하나님의 성품을 의심치 않고 높여 찬양하기 시작할 때, 하나님의 영광은 다시 회복됩니다.

3) 말씀이 흥왕할 때 (행 6:7; 참고. 삼상 3:1)

행 6:7 하나님의 말씀이 점점 왕성하여 예루살렘에 있는 제자의 수가 더 심히 많아지고 허다한 제사장의 무리도 이 도에 복종하니라

삼상 3:1 아이 사무엘이 엘리 앞에서 여호와를 섬길 때에는 여호와의 말씀이 희귀하여 이상이 흔히 보이지 않았더라

사도행전의 역사 속에 하나님의 은혜와 능력이 강력하게 드러나는 장면이 6장 7절에 기록되어 있습니다. 하나님의 말씀이 점점 왕성해졌다는 것은 첫째로, 말씀이 널리 전파되어 그 말씀에 순종하는 새로운 제자들이 심히 많아졌다는 뜻입니다. 둘째로, 믿는 자들의 마음속에 말씀의 진보가 생겼다는 것입니다. 이렇게 하나님의 말씀이 왕성해지니 당시 그리스도인들에게 적대적이었던 제사장들도 복음을 받아들이게 됩니다. 참으로 놀라운 일입니다.

반면, 엘리 제사장 시대에는 하나님의 말씀(=이상)이 희귀한 시대였습니다. 말씀에 순종하는 무리가 없고, 엘리 제사장조차도 하나님의 말씀에 둔감하니 시대가 어두울 수밖에 없습니다. 오직 하나님의 말씀에 민감히 반응하는 자들을 통해 하나님은 그분의 영광을 드러내실 것입니다.

5 다윗은 일평생 하나님의 임재를 경험하며 살았습니다. 다윗은 어떻게 하나님을 예배했습니까? 역대상 16장 1-6절에서 찾아봅시다.

> **1** 하나님의 궤를 메고 들어가서 다윗이 그것을 위하여 친 장막 가운데에 두고 번제와 화목제를 하나님께 드리니라 **2** 다윗이 번제와 화목제 드리기를 마치고 여호와의 이름으로 백성에게 축복하고 **3** 이스라엘 무리 중 남녀를 막론하고 각 사람에게 떡 한 덩이와 야자열매로 만든 과자와 건포도로 만든 과자 하나씩을 나누어 주었더라 **4** 또 레위 사람을 세워 여호와의 궤 앞에서 섬기며 이스라엘 하나님 여호와를 칭송하고 감사하며 찬양하게 하였으니 **5** 아삽은 우두머리요 그 다음은 스가랴와 여이엘과 스미라못과 여히엘과 맛디디아와 엘리압과 브나야와 오벧에돔과 여이엘이라 비파와 수금을 타고 아삽은 제금을 힘있게 치고 **6** 제사장 브나야와 야하시엘은 항상 하나님의 언약궤 앞에서 나팔을 부니라

1) 1절

> **1** 하나님의 궤를 메고 들어가서 다윗이 그것을 위하여 친 장막 가운데에 두고 번제와 화목제를 하나님께 드리니라

▸ 번제와 화목제로 예배

언약궤가 예루살렘으로 들어옵니다. 이에 따라 제사가 드려지지요. 번제는 5대 제사 중에 가장 기본이 되는 일반 제사입니다. 그리고 화목제는 하나님과의 관계 회복을 기념하는 잔치 같은 성격이 강합니다. 그래서 화목제를 드린 후, 이스라엘의 모인 무리 각 사람에

게 떡과 과자 등을 나누어 주었습니다.

2) 2-3절 (참고. 히 13:16)

> **대상 16:2-3** **2** 다윗이 번제와 화목제 드리기를 마치고 여호와의 이름으로 백성에게 축복하고 **3** 이스라엘 무리 중 남녀를 막론하고 각 사람에게 떡 한 덩이와 야자열매로 만든 과자와 건포도로 만든 과자 하나씩을 나누어 주었더라
>
> **히 13:16** 오직 선을 행함과 서로 나누어 주기를 잊지 말라 하나님은 이같은 제사를 기뻐하시느니라

▶ 이스라엘 백성을 축복하고 축제를 벌임

다윗은 언약궤가 예루살렘으로 돌아오는 것을 기뻐합니다. 그런데 자신만 기뻐하는 것이 아니라 온 이스라엘 백성을 축복하고 그들과 함께 축제를 벌입니다. 이것이 하나님의 마음을 가진 다윗의 특징입니다. 하나님과의 진정한 사귐이 있는 사람들은 언제나 이웃을 향한 사랑의 표현을 같이 합니다. 히브리 기자도 이를 잘 알고 있었습니다. 이웃을 사랑하는 외적 행동 역시 하나님께서 기뻐하시는 제사(예배)라는 사실을 말입니다. 우리 역시도 이것을 온전히 실천할 수 있어야 하겠습니다.

3) 5-6절

▸ 최고의 예배를 올려 드림

다윗은 자신이 왕으로서 할 수 있는 최고의 예배를 하나님께 올려 드립니다. 다윗은 레위 자손들로(4절) 찬양대를 구성합니다. 그리고 자기 자신도 하나님의 언약궤가 들어오는 순간, 그분의 임재 앞에 힘을 다해 춤을 추며 뛰놉니다(삼하 6:14[24]). 이처럼 다윗은 하나님 앞에서 늘 어린아이와 같았습니다. 가장 사랑하는 분, 가장 만나고 싶은 분이 오셨을 때, 뛸 듯이 기뻐하는 어린아이처럼 우리도 늘 하나님 앞에 이렇게 반응하며 예배해야 할 것입니다.

---

24) 다윗이 여호와 앞에서 힘을 다하여 춤을 추는데 그 때에 다윗이 베 에봇을 입었더라

6 당신은 하나님을 예배할 때 하나님의 임재를 경험합니까? 혹시 경험하지 못한다면, 무엇이 문제인지 진단해 봅시다.

> 1) "우리는 예배를 드린 만큼 살 수 있고, 산 만큼만 예배드릴 수 있다"라는 말이 있습니다. 당신은 세상에서 얼마만큼 예배자로 살아왔습니까? (롬 12:1)

1 그러므로 형제들아 내가 하나님의 모든 자비하심으로 너희를 권하노니 너희 몸을 하나님이 기뻐하시는 거룩한 산 제물로 드리라 이는 너희가 드릴 영적 예배니라

로마서 12장 1절은 그리스도 안에서 베푸신 하나님의 은혜에 그리스도인이 어떻게 응답해야 하는가를 간결하고 생생한 이미지로 요약하고 있습니다. 그것은 바로 몸으로 제물을 삼아 하나님께 예배하는 것입니다. 이것을 크리소스톰은 다음과 같이 주석하고 있습니다. "그러면 몸이 어떻게 제물이 될 수 있다는 것인가? 눈으로 일체 악한 것을 보지 않게 하라. 그러면 눈이 제물이 될 것이다. 혀로 일체 불결한 것을 말하지 않게 하라. 그러면 혀가 제물이 될 것이다. 손으로 일체 불법한 행위를 하지 않게 하라. 그러면 손은 온전히 드리는 번제가 될 것이다." 우리가 함께 모여 예배하는 것 역시 분명한 예배입니다. 그런데 이 예배는 우리의 일상이 몸으로 제물이 되어 주님을 예배할 때 하나님께서 진정으로 받으시는 예배가 될 것입니다.

2) 요한복음 4장 23절은 예배가 무엇인지 알려 주는 중요한 성경 구절입니다. 개역한글 성경으로 보면 다음과 같습니다. "아버지께 참으로 예배하는 자들은 신령과 진정으로 예배할 때가 오나니 곧 이때라 아버지께서는 자기에게 예배하는 자들을 찾으시느니라." 우리는 예배자로서 신령과 진정을 다해 예배해야 합니다. 이제까지 당신은 어떤 태도로 예배드렸는지 돌아보고 나누어 봅시다.

앞의 질문은 삶으로 예배하였는지를 묻는 것입니다. 그리고 본 질문은 그렇게 삶으로 예배한 자는 함께 모여 예배할 때도 진정한 예배를 드린다는 것을 말합니다. 그것이 바로 신령과 진정으로 드리는 예배자의 모습입니다. 공예배를 드리는 나의 모습은 어떠한지 자신을 돌아봅시다. 가장 존귀하신 분, 경외로우신 분이 앞에 계시는데, 혹시 우리가 예배에 소홀한 모습이 있다면, 돌아보아 반성하며 다시 하나님 앞에 새로워지는 시간이 되길 소망합니다. 이제 다시 온전한 예배를 드리기 위해 아래 '세상 속으로'의 지침을 따라 결단해 봅시다.

다음은 예배를 온전히 드리기 위한 지침입니다. 공예배 시 이 지침을 실천에 옮긴 후 그 결과를 평가해 봅시다.

  공예배를 통해 은혜를 누리기 시작할 때, 우리 삶에 반드시 변화가 일어납니다. 삶의 예배가 공예배 회복으로부터 시작되는 것입니다. 아래 항목들을 살펴보며, 내가 소홀히 했던 부분이 무엇인지를 점검하며 다시 마음을 새롭게 하는 시간을 가집시다. 비록 온라인예배라고 할지라도, 아래 항목들을 적용하여 가정에서 예배를 드려 봅시다. 반드시 변화가 일어나게 될 것입니다.

지침 내용	수행 결과 및 평가
10분 전 예배 도착(깨끗한 옷차림)	
정성껏 감사 예물 준비	
예배 전 생각나는 모든 죄와 허물 고백	
주님께 모든 생각을 집중 (핸드폰 무음 전환, 절대로 핸드폰 만지지 않기)	
찬양의 가사에 온 마음을 집중	
하나님께서 나에게 말씀하실 것을 기대하며 설교에 집중(설교 메모하며 듣기)	
모든 예배 순서에 마음을 쏟음	
예배를 보는 것이 아니라, 드리는 것에 집중	
어떤 말씀이든 순종을 결단하며 기도	
축도 후 예배를 받으신 하나님께 감사 기도를 한 후 귀가	

마무리

1. 인도자는 오늘 배운 내용에 대해서 간략하게 정리한 후, 훈련생 개인의 삶에 적용, 도전을 주며 통성기도를 이끌어 갑니다.

2. 마침 기도는 훈련생이 하도록 합니다. 마침 기도에 대해 미리 마음의 준비를 해 올 수 있도록, 한 주 전에 정해서 알려 주도록 합니다.

Memo

7과

주의 오실 길을 예비하라

❷ 총무는 "내 영혼의 거울"(개인별 점검표)을 취합하여 반별 점검표를 작성한 후 과제물과 함께 목회자에게 제출

❸ 목회자는 모임 전에 미리 "내 영혼의 거울" 및 항목별 과제 점검

❹ 모임 시작 전, 각 개인의 영성생활을 점검해 주는 코멘트를 반드시 해 주시길 바랍니다.

1. 찬양

2. 합심기도

1) 지난 한 주간을 돌아보며, 회개의 시간을 가집니다.

2) 성령 하나님을 초청, 모임 가운데 충만하게 임재하여 달라고 간구합니다.

3) 제자훈련을 위한 분명한 소명과 은혜를 위해 기도합니다.

4) 인도자가 대표기도로 마무리를 하고 모임을 시작합니다.

3. 암송 시험

1) 한 명씩 돌아가며 제시된 두 구절을 외우도록 합니다.

① 이 천국 복음이 모든 민족에게 증언되기 위하여 온 세상에 전파되리니 그제야 끝이 오리라 마 24:14

② 오직 성령이 너희에게 임하시면 너희가 권능을 받고 예루살렘과 온 유대와 사마리아와 땅 끝까지 이르러 내 증인이 되리라 하시니라 행 1:8

4. 과제 점검

1) "내 영혼의 거울" 중심으로 과제를 점검합니다.

2) 각 훈련생마다 영성생활을 점검해 줍니다. 잘한 부분은 칭찬, 부족한 부분은 잘할 수 있도록 동기부여를 해 줍니다.

5. 삶 나눔 및 생활숙제 나눔

1) 지난 한 주 동안 있었던 즐거웠던 일, 슬펐던 일 등 한 주간의 이슈를 나눕니다.

※ 슬프거나 안타까운 일을 들었을 때, 성령님의 인도하심에 따라 바로 합심기도를 해도 좋겠습니다.

2) 지난 주 과제였던 생활숙제 나눔을 가집니다.

6. Q.T 나눔

1) 정해진 본문을 묵상해 온 것을 함께 돌아가며 나누도록 합니다.

2) 시간을 고려하여 정해진 몇 명만 나눠도 괜찮습니다. 다음 주에는 나누는 인원이 겹치지 않고 골고루 나눌 수 있도록 유도합니다.

주님의 재림을 준비하는 삶은 너무나도 중요합니다. 재림을 향한 믿음이 우리 삶의 태도를 결정하기 때문입니다. 종말 때에 일어나는 일들은 무엇인지, 우리는 어떻게 예수님의 재림을 준비하며 살아가야 하는지 이번 주제를 통해서 함께 공부해 보도록 하겠습니다.

Connect 말씀 속으로

1 마태복음 24장 3-14절을 보면 예수님은 감람 산에서 종말을 말씀 하셨습니다.

3 예수께서 감람 산 위에 앉으셨을 때에 제자들이 조용히 와서 이르되 우리에게 이르소서 어느 때에 이런 일이 있겠사오며 또 주의 임하심과 세상 끝에는 무슨 징조가 있사오리이까 4 예수께서 대답하여 이르시되 너희가 사람의 미혹을 받지 않도록 주의하라 5 많은 사람이 내 이름으로 와서 이르되 나는 그리스도라 하여 많은 사람을 미혹하리라 6 난리와 난리 소문을 듣겠으나 너희는 삼가 두려워하지 말라 이런 일이 있어야 하되 아직 끝은 아니니라 7 민족이 민족을, 나라가 나라를 대적하여 일어나겠고 곳곳에 기근과 지진이 있으리니 8 이 모든 것은 재난의 시작이니라

9 그 때에 사람들이 너희를 환난에 넘겨 주겠으며 너희를 죽이리니 너희가 내 이름 때문에 모든 민족에게 미움을 받으리라 **10** 그 때에 많은 사람이 실족하게 되어 서로 잡아 주고 서로 미워하겠으며 **11** 거짓 선지자가 많이 일어나 많은 사람을 미혹하겠으며 **12** 불법이 성하므로 많은 사람의 사랑이 식어지리라 **13** 그러나 끝까지 견디는 자는 구원을 얻으리라 **14** 이 천국 복음이 모든 민족에게 증언되기 위하여 온 세상에 전파되리니 그제야 끝이 오리라

1) 예수님은 종말에 어떤 징조가 나타난다고 말씀하셨습니까?

① 4-5절

4 예수께서 대답하여 이르시되 너희가 사람의 미혹을 받지 않도록 주의하라 **5** 많은 사람이 내 이름으로 와서 이르되 나는 그리스도라 하여 많은 사람을 미혹하리라

‣ 그리스도라 미혹하는 영이 등장

예수님께서 말세에 거짓 메시아(그리스도)들이 나타나 미혹할 것임을 말씀하시고 계십니다. 오늘날에도 수많은 거짓 메시아가 교회와 성도를 미혹하는 것을 우리 주변에서 쉽게 볼 수 있습니다. 우리나라만 보아도, 신천지의 이만희가 요한계시록에 자주 언급되는 '이기는 자'가 바로 자신이라고 주장합니다. 자신이 6천 년 동안 감춰진 성경의 비밀을 풀어 주는 존재라고 속이며, 수많은 사람을 미혹

하고 있습니다. 또 구원파의 박옥수는 구원 교리를 왜곡시키고, 기존 IVF(한국기독교학생회)와 비슷한 이름의 IYF(국제청소년연합)을 만들어 청년대학생을 미혹하고 있습니다.

② 6-7절

6 난리와 난리 소문을 듣겠으나 너희는 삼가 두려워하지 말라 이런 일이 있어야 하되 아직 끝은 아니니라 7 민족이 민족을, 나라가 나라를 대적하여 일어나겠고 곳곳에 기근과 지진이 있으리니

▸ 난리와 난리의 소문, 그리고 전쟁과 기근과 지진

20세기에 들어서면시 전 세계에 전쟁이 잦아졌습니다. 세계 1, 2차 대전은 말할 것도 없고, 6·25 전쟁, 베트남 전쟁, 걸프 전쟁, 테러와의 전쟁 등 얼마나 많은 전쟁이 일어났는지 모릅니다. 지금도 팔레스타인 전쟁, 시리아 내전 등 계속 전쟁이 끊이지 않고 있습니다.

또한 기근의 문제를 살펴보겠습니다. UN에서 발표한 자료에 의하면, 2019년 말 기준 약 1억 3천만 명이었던 기아 수가 코로나19 사태 이후 2배 가까이 늘어 2억 6천만 명에 이를 것이라고 예상하고 있습니다. 또한, 두 배 이상의 엄청난 기근이 곧 찾아올 것이라고 예상하고 있습니다.

그리고 지진에 대해서도 살펴보겠습니다. 지난 2004년 인도네시아 쓰나미는 강도 9.1로 메가급 지진이었습니다. 이를 통해 무려 22만 7천 명이 목숨을 잃었습니다. 그리고 2010년 아이티 지진도 사망자가 무려 22만 2천 명이었습니다. 2023년 2월 터키와 시리아에서 발

생한 강도 7.8의 대지진으로 3만여 명이 목숨을 잃었습니다. 이처럼 전쟁과 기근, 지진이 지구촌 곳곳에서 벌어지고 있습니다.

③ 9절

9 그 때에 사람들이 너희를 환난에 넘겨 주겠으며 너희를 죽이리니 너희가 내 이름 때문에 모든 민족에게 미움을 받으리라

▸ 핍박(환난, 죽음, 미움 등)

예수님을 믿는다는 이유로 세상은 그리스도인을 미워하고 환난 가운데 넘겨준다고 기록합니다. 오픈도어선교회에 의하면, 전 세계의 기독교 박해 국가는 총 73개입니다. 단연 1위는 북한이고 2위는 아프가니스탄, 3위는 소말리아입니다. 기독교를 멸시하는 나라는 총 151개 국가라고 합니다. 그리고 2007년 높은 수준의 박해를 경험하는 기독교인들은 1억 명에 불과했지만, 2022년 76개국, 3억 6천만 명으로 집계되었습니다. 기독교 박해의 추세는 앞으로도 계속 증가할 것으로 예측하고 있습니다. 이는 성경 말씀이 그대로 이뤄지고 있는 것이라고 볼 수 있습니다.

④ 11절

11 거짓 선지자가 많이 일어나 많은 사람을 미혹하겠으며

‣ 거짓 선지자로 인해 미혹당함

앞서 살펴본 거짓 메시아뿐만 아니라, 거짓 선지자도 출현합니다. 이를 통해 거짓의 영을 분별하는 것이 종말의 때를 살아가는 우리에게 참으로 중요하다는 것을 깨닫게 됩니다. 이에 우리 모두는 건전한 말씀 공부를 통해 분별의 능력을 키워야 할 것입니다(엡 4:14[25]).

⑤ 12절

> **12** 불법이 성하므로 많은 사람의 사랑이 식어지리라

‣ 불법과 식어지는 사랑

이것은 오늘날 우리나라만 보아도 금방 알 수 있습니다. 뉴스를 보면, 얼마나 많은 사람이 불법을 저질러 감옥에 가고 있습니까? 공무원들의 비리, 기업체들의 분식회계 등 뉴스만 켜면 나오는 빈번한 주제들입니다.

또한 사람들의 사랑이 식어 가고 있습니다. 너무나 자주 엽기적이고 충격적인 사망 소식이 들려옵니다. 한 계모가 9살 초등학생을 여행용 가방에 가둬 죽인 사건, 정인이 사건 등 헤아릴 수가 없습니다.

---

25) 이는 우리가 이제부터 어린 아이가 되지 아니하여 사람의 속임수와 간사한 유혹에 빠져 온갖 교훈의 풍조에 밀려 요동하지 않게 하려 함이라

사랑이 식어 가며 흉학한 범죄가 늘어가고 있습니다. 이를 통해 세상의 종말이 점차 다가오고 있음을 깨닫게 됩니다.

2) 예수님은 종말이 언제라고 말씀하셨습니까? (14절)

14 이 천국 복음이 모든 민족에게 증언되기 위하여 온 세상에 전파되리니 그제야 끝이 오리라

▸ 천국 복음이 온 세상, 모든 민족에게 전파가 될 때 끝이 온다

지난 20년간 세계 미전도종족 개척 선교운동을 주도해 온 '남은과업성취운동본부'(FTT, Finishing The Task)라는 단체가 있습니다. 이 단체의 2020년도 발표 자료를 보면, 복음화율이 0.1% 미만인 인구가 무려 18억이라고 합니다. 그리고 여전히 4천 8백 개의 미전도종족에게 복음이 전해져야 한다고 합니다. 이처럼 전 세계의 인구 중 약 40% 정도가 복음화 된다면(문자적으로 보았을 때) 그때 온 세상의 끝이 온다는 것입니다.

3) 내 주변에서 보이는 종말의 징조가 있다면, 함께 나누어 봅시다
   (참고. 딤후 3:1-5).

1 너는 이것을 알라 말세에 고통하는 때가 이르러 2 사람들이 자기를 사
랑하며 돈을 사랑하며 자랑하며 교만하며 비방하며 부모를 거역하며 감
사하지 아니하며 거룩하지 아니하며 3 무정하며 원통함을 풀지 아니하
며 모함하며 절제하지 못하며 사나우며 선한 것을 좋아하지 아니하며 4
배신하며 조급하며 자만하며 쾌락을 사랑하기를 하나님 사랑하는 것보
다 더하며 5 경건의 모양은 있으나 경건의 능력은 부인하니 이같은 자들
에게서 네가 돌아서라

디모데후서에서는 종말이 다가왔을 때 등장하는 여러 모습을 열
거하고 있습니다. 하나같이 현시대에 쉽게 찾아볼 수 있는 모습들입
니다. 그런데 왜 이런 일들이 디모데후서에 기록된 교회 안에서도
벌어졌을까요? 그 핵심은 하나님 사랑과 이웃 사랑을 저버린 명목상
신앙생활을 하기 때문입니다. 끊임없이 그리스도인들은 하나님의
말씀에 비춰 진정으로 하나님을 사랑함으로 말씀 그대로 순종해야
합니다(요 14:15[26]). 그리고 하나님을 사랑한다면 반드시 이웃을 사
랑하게 되어 있습니다(마 22:39[27]). 이 두 가지를 온전히 실천하게
될 때, 교회 안에 세속화를 막을 수 있습니다.

---

26) 너희가 나를 사랑하면 나의 계명을 지키리라
27) 둘째도 그와 같으니 네 이웃을 네 자신 같이 사랑하라 하셨으니

2 복음이 온 세상에 전파되면 세상에 종말이 옵니다. 그러므로 믿는 사람들에게는 복음을 전파해야 할 사명이 있습니다.

1) 하나님이 우리를 구원하신 목적은 무엇입니까? (벧전 2:9)

> **9** 그러나 너희는 택하신 족속이요 왕 같은 제사장들이요 거룩한 나라요 그의 소유가 된 백성이니 이는 너희를 어두운 데서 불러 내어 그의 기이한 빛에 들어가게 하신 이의 아름다운 덕을 선포하게 하려 하심이라

▶ 복음을 전하게 하시려고

주께서 우리를 구원하여 특별한 존재로 삼으시고 어둠에서 불러 밝은 빛에 거하게 하신 이유는 바로 그분께서 내게 행하신 아름다운 덕, 바로 영원한 생명을 가져다주는 복음을 전하기 위함입니다.

2) 주님이 제자들에게 남기신 마지막 명령은 무엇입니까?
   (마 28:19-20)

> **19** 그러므로 너희는 가서 모든 민족을 제자로 삼아 아버지와 아들과 성령의 이름으로 세례를 베풀고 **20** 내가 너희에게 분부한 모든 것을 가르쳐 지키게 하라 볼지어다 내가 세상 끝날까지 너희와 항상 함께 있으리라 하시니라

‣ **모든 민족을 제자로 삼으라**

이 구절을 우리말 성경으로 보면 '너희는 가라, 제자로 삼으라, 세
례를 베풀라, 가르쳐 지키게 하라'처럼 모두 동사로 보이지만, 정작
동사는 한 가지입니다. 바로 "제자를 삼다"입니다. 그리고 이 동사를
수식하여 분사로 사용된 동사들은 '세례를 베풀고', '가르치는' 것입
니다. 즉, 제자를 삼기 위해 세례를 베풀어야 하고, 가르쳐야 한다는
것입니다. 또한 제자를 삼으려면 제일 먼저 가서 복음을 전파해야
합니다. 복음을 전파할 때, 예수님을 믿기로 작정한 영혼들이 제자
가 되는 것이기 때문에 그렇습니다. 이처럼 제자를 삼기 위해서 복
음을 전하는 것은 예수님께서 우리에게 주신 너무나도 중요한 사명
입니다.

3) 복음을 어디에 전파해야 합니까? (막 16:15; 행 1:8)

막 16:15 또 이르시되 너희는 온 천하에 다니며 만민에게 복음을 전파하라
행 1:8 오직 성령이 너희에게 임하시면 너희가 권능을 받고 예루살렘과
온 유대와 사마리아와 땅 끝까지 이르러 내 증인이 되리라 하시니라

‣ **내 주변, 온 천하, 그리고 땅 끝**

예수님께서 제자들이 거하는 예루살렘, 온 유대만이 아니라, 사마
리아와 땅 끝, 즉 온 천하에 이르기까지 주의 복음을 전하라고 말씀
하십니다. 그런데 사마리아가 어떤 땅입니까? 유대인들이 가장 멸시

했던 자들이 사마리아 사람들입니다. 이들에게뿐 아니라, 더 나아가 땅 끝 이방인들(유대인이 부정하게 여겼던 이들)에게도 복음을 전파하라고 말씀하십니다. 선민사상에 사로잡혀 있던 제자들이었지만, 이 말씀에 순종합니다. 그래서 지금 이스라엘에서 아주 먼 이방 나라인 우리나라에도 복음이 들어와 있는 것입니다.

이를 통해서 복음은 언제나 우리가 편하고 좋아 보이는 사람이 아닌, 우리가 싫어하는 사람들과 나라에도 전파되어야 함을 깨닫게 됩니다. 물론 땅 끝까지, 미전도종족에게 복음이 전파되는 것에 힘을 쏟아야겠지만, 지금 내 옆에 복음을 모르는 누군가에게, 그 사람이 내가 싫어하는 사람일지라도, 복음을 전하는 것이 하나님께서 기뻐하시는 선교적 삶입니다.

4) 우리는 왜 그리스도를 전해야 합니까? (요 3:36; 눅 15:4)

요 3:36 아들을 믿는 자에게는 영생이 있고 아들에게 순종하지 아니하는 자는 영생을 보지 못하고 도리어 하나님의 진노가 그 위에 머물러 있느니라

눅 15:4 너희 중에 어떤 사람이 양 백 마리가 있는데 그 중의 하나를 잃으면 아흔아홉 마리를 들에 두고 그 잃은 것을 찾아내기까지 찾아다니지 아니하겠느냐

▶ 복음은 영생과 직결되기 때문에

예수님을 믿는 자에게만 주어지는 것이 영생입니다. 영원한 생명을 얻기 위해서 우리는 오직 예수님만을 믿습니다. 이를 알게 된 우

리는 이제 또 다른 잃어버린 자를 찾아 나서야 합니다. 우리도 누군 가를 통해 복음을 들어서 믿게 되었기에, 우리도 듣지 못한 자들에 게 나아가 전해야 하는 것입니다(롬 10:14 [28]).

5) 복음을 전하기에 좋은 시기는 언제입니까? (요 4:35; 딤후 4:2)

> **요 4:35** 너희는 넉 달이 지나야 추수할 때가 이르겠다 하지 아니하느냐 그러나 나는 너희에게 이르노니 너희 눈을 들어 밭을 보라 희어져 추수하 게 되었도다
>
> **딤후 4:2** 너는 말씀을 전파하라 때를 얻든지 못 얻든지 항상 힘쓰라 범사 에 오래 참음과 가르침으로 경책하며 경계하며 권하라

▸ 바로 지금!

우리가 복음을 전하기 제일 좋은 시기는 바로 지금입니다. 왜 그럴 까요? 추수할 곡식이 너무 많아서 거두어들이기만 하면 되기 때문입 니다. 요한복음 4장 35절은 예수님이 수가성 여인을 만난 후의 기록 입니다. 수가성의 사마리아 여인은 남편이 다섯이 있던 여인이었습 니다. 그럼에도 그 영혼은 큰 갈급함이 있었습니다. 그런 그녀에게 예수님이 직접 찾아오십니다. 여인은 예수님을 알게 되었고, 예수님

---

28) 그런즉 그들이 믿지 아니하는 이를 어찌 부르리요 듣지도 못한 이를 어찌 믿으리요 전파하는 자가 없이 어찌 들으리요

을 믿게 되었고, 이후 그녀는 수가성으로 들어가 예수님을 증거하기 시작합니다. 수많은 사람이 예수님께로 모여들었고, 예수님을 믿습니다. 요한복음 4장 39절에 다음과 같이 기록합니다. "여자의 말이 내가 행한 모든 것을 그가 내게 말하였다 증언하므로 그 동네 중에 많은 사마리아인이 예수를 믿는지라." 이처럼 예수님께서는 사마리아 여인 한 사람에게 씨를 뿌렸는데, 추수할 수많은 곡식인 수가성 사람들이 모인 것입니다. 우리도 이 말씀을 믿고, 때를 얻든지 못 얻든지 복음을 담대히 증거해야만 합니다. 전하기만 하면 반드시 거둬들일 수많은 영혼이 우리를 기다리고 있을 것입니다.

6) 복음을 전할 때 어떤 자세가 필요합니까? (행 1:8; 막 16:20)

행 1:8 오직 성령이 너희에게 임하시면 너희가 권능을 받고 예루살렘과 온 유대와 사마리아와 땅 끝까지 이르러 내 증인이 되리라 하시니라

막 16:20 제자들이 나가 두루 전파할새 주께서 함께 역사하사 그 따르는 표적으로 말씀을 확실히 증언하시니라

▸ 성령의 힘을 의지하여 주님이 역사하시도록

마가복음 16장 20절은 제자들이 복음을 전파할 때, 주께서 함께 역사하시고 계시다고 말합니다. 그리고 표적이 따르게 됩니다. 가장 놀라운 표적이 무엇입니까? 그것은 바로 예수님을 전혀 믿을 것 같지 않은 한 사람이 주님 영접하는 것입니다. 어떻게 이 일이 이뤄질까요? 우리가 어떤 사람에게 복음을 증거할 때, 성령께서 그 사람의

귓가에 설득하십니다. 이 말은 우리가 복음을 증거할 때, 우리의 말이 수려하고 설득력 있어서 그 사람이 믿게 됨이 아니라는 것입니다. 우리는 오직 복음을 전하는 전달자고, 성령께서 그 사람의 마음에 예수님을 영접하도록 역사하십니다. 따라서 우리는 복음을 전파할 때 두려워할 것이 없습니다. 우리가 전할 때 궁극적으로 주님이 영혼을 구원하시기 때문입니다.

7) 복음을 전하는 자에게는 어떤 상급이 있습니까?
   (단 12:3b; 딤후 4:8)

> **단 12:3b** 많은 사람을 옳은 데로 돌아오게 한 자는 별과 같이 영원토록 빛나리라
>
> **딤후 4:8** 이제 후로는 나를 위하여 의의 면류관이 예비되었으므로 주 곧 의로우신 재판장이 그 날에 내게 주실 것이며 내게만 아니라 주의 나타나심을 사모하는 모든 자에게도니라

▸ 하늘의 별과 같이 빛나게 되고, 의의 면류관을 받게 된다

많은 사람을 예수님께로 인도한 자는 하늘의 별과 같이 영원토록 빛나게 됩니다. 이 구절이 얼마나 영광스럽습니까? 하늘의 별과 같이 빛난다는 것은 하나님 나라에서 차지할 지도자적 영향력을 말합니다. 하나님의 영광스러운 나라에서 왕과 같은 존재로 영원히 살아가게 되는 것입니다. 얼마나 영광스럽습니까?

사도 바울 역시도 그의 인생의 끝에서 디모데후서 4장 8절의 고백

을 합니다. 그가 결국 받아 누리게 될 영광은 의의 면류관입니다. 이것은 우리가 들어갈 영원한 나라에서 하나님께서 주시는 놀라운 상급입니다. 그런데 이것은 바울만이 아니라 주의 나타나심을 사모하는, 이 땅에 주님 오심을 기다리며 고대하며 살아가는 우리 모두에게 주시는 놀라운 상급입니다.

3 당신은 종말을 기억하며, 복음을 전파하는 사명에 최선을 다하고 있습니까? 시선이 단지 당신 자신의 삶에만 머물러 있지는 않습니까? 좀 더 넓은 시야로 모든 민족을 품기 위해서는 무엇을 해야 합니까?

우리는 모두 종말을 맞이하게 됩니다. 그 종말의 때에 하나님께서 복음 전파의 사명 감당 여부를 평가하실 것입니다. 이것을 알게 된 우리는, 이제 자신만을 위해서 아니라, 하나님을 위한 삶을 살아야 합니다. 먼저는 내가 구원의 깊은 감격을 다시 회복해야 합니다. 그리고 나를 구원하신 복음의 능력을 신뢰하며 담대히 전파하는 삶을 살아야 할 것입니다. 이 복음 전파는 단지 내 주변에만 국한된 것이 아니라 모든 민족에게로 향해야 합니다. 직접 갈 수 없다면, 우리를 대신하여 흩어져 전파하는 선교사님들을 기억하며 보내는 선교사로서의 역할을 잘 감당해야 합니다. 이런 삶을 통해서 훗날 주님 앞에 섰을 때, 주님의 칭찬을 받게 될 것입니다.

1 하나님은 아직 예수님을 믿지 않는 열방의 영혼들에게 깊은 관심을 기울이십니다. 그리스도인들도 하나님의 이 관심에 동참해야 합니다. 우리는 어떻게 이 일에 동참할 수 있을까요? 다음 내용 가운데 당신이 할 수 있는 일들을 결단하고 실천합시다.

선교는 기도로 시작됩니다. 선교에서는 기도가 가장 중요합니다. 우리가 기도할 때, 선교지에 미사일을 쏘듯, 강력한 영향력을 끼칠 수 있게 됩니다(막 9:29[29]). 당장 눈에는 보이지 않지만, 우리가 기도할 때 하나님께서 역사하심을 믿고 아래의 기도 운동에 동참해 주시길 바랍니다.

미션	결단 내용	진행 상황 및 결과
티베트 로사 기도 운동(2월)		
무슬림을 위한 30일 기도 운동(5월)		
힌두인을 위한 15일 기도 운동(10월)		
기타 기도 운동		

29) 이르시되 기도 외에 다른 것으로는 이런 종류가 나갈 수 없느니라 하시니라

2 우리는 재정으로 선교를 감당할 수 있습니다. 혹시 당신이 교회에서 선교 헌금을 작정하지 않았다면, 새로운 마음으로 작정해 보기 바랍니다. 또한 당신이 알고 있는 선교사님께 감사와 사랑으로 선교 헌금을 전달해 보기 바랍니다.

　　직접 선교지로 나아갈 수 없다면, 선교헌금으로 작정하여 후원하는 것도 중요한 한 방법입니다. 선교사님들은 우리를 대신하고 대표해서 선교지에 나가 있는 것입니다. 하나님은 선교사님들과 우리와 긴밀한 동역을 원하십니다. 물질이 있는 곳에 마음이 있듯이, 선교사님들에게 물질로 후원할 때, 선교사님들을 위해 더 마음을 다해 기도하게 됩니다.

　　더 나아가 선교사로 헌신하기를 바랍니다. 훈련생 혹은 훈련생의 배우자가 가지고 있는 전문분야가 있다면, 전문인 선교사로 헌신해 보는 것을 권면하십시오. 전문인 선교사로 꿈을 꾸게 하십시오. 만약 훈련생 본인이 어렵다면, 자녀들을 선교사로 헌신시키기 위해서 기도하게 하십시오. 훈련생들의 가정을 통해 이 땅에 수많은 사람이 주께 돌아온다면 얼마나 영광스럽겠습니까?

마무리

1. 인도자는 오늘 배운 내용에 대해서 간략하게 정리한 후, 훈련생 개인의 삶에 적용, 도전을 주며 통성기도를 이끌어 갑니다.

2. 마침 기도는 훈련생이 하도록 합니다. 마침 기도에 대해 미리 마음의 준비를 해 올 수 있도록, 한 주 전에 정해서 알려 주도록 합니다.

Memo

영향력 있는 사람을
세우는 교회

모임을 시작하기 전,	❶ 과제물과 "내 영혼의 거울"(개인별 점검표)을 모임 하루 전까지 총무에게 카톡 또는 메일로 제출할 수 있도록 사전에 공지

❷ 총무는 "내 영혼의 거울"(개인별 점검표)을 취합하여 반별 점검표를 작성한 후 과제물과 함께 목회자에게 제출

❸ 목회자는 모임 전에 미리 "내 영혼의 거울" 및 항목별 과제 점검

❹ 모임 시작 전, 각 개인의 영성생활을 점검해 주는 코멘트를 반드시 해 주시길 바랍니다.

1. 찬양

2. 합심기도

1) 지난 한 주간을 돌아보며, 회개의 시간을 가집니다.

2) 성령 하나님을 초청, 모임 가운데 충만하게 임재하여 달라고 간구합니다.

3) 제자훈련을 위한 분명한 소명과 은혜를 위해 기도합니다.

4) 인도자가 대표기도로 마무리를 하고 모임을 시작합니다.

3. 암송 시험

1) 한 명씩 돌아가며 제시된 두 구절을 외우도록 합니다.

① 우리가 그를 전파하여 각 사람을 권하고 모든 지혜로 각 사람을 가르침은 각 사람을 그리스도 안에서 완전한 자로 세우려 함이니 이를 위하여 나도 내 속에서 능력으로 역사하시는 이의 역사를 따라 힘을 다하여 수고하노라 `골 1:28-29`

② 형제들아 너희 가운데서 성령과 지혜가 충만하여 칭찬 받는 사람 일곱을 택하라 우리가 이 일을 그들에게 맡기고 `행 6:3`

4. 과제 점검

1) "내 영혼의 거울" 중심으로 과제를 점검합니다.

2) 각 훈련생마다 영성생활을 점검해 줍니다. 잘한 부분은 칭찬, 부족한 부분은 잘할 수 있도록 동기부여를 해 줍니다.

5. 삶 나눔 및 생활숙제 나눔

1) 지난 한 주 동안 있었던 즐거웠던 일, 슬펐던 일 등 한 주간의 이슈를 나눕니다.

※ 슬프거나 안타까운 일을 들었을 때, 성령님의 인도하심에 따라 바로 합심기도를 해도 좋겠습니다.

2) 지난 주 과제였던 생활숙제 나눔을 가집니다.

6. Q.T 나눔

1) 정해진 본문을 묵상해 온 것을 함께 돌아가며 나누도록 합니다.

2) 시간을 고려하여 정해진 몇 명만 나눠도 괜찮습니다. 다음 주에는 나누는 인원이 겹치지 않고 골고루 나눌 수 있도록 유도합니다.

7. 공지 사항

1) 사진 촬영 안내 : 종강 한 주 전 금요일 저녁 8시에 반별 사진 촬영이 있습니다(드레스 코드 통일 추천). 제자훈련생들이 시간을 확보할 수 있도록 공지 부탁드립니다.

　모든 사람에게는 영향력이 있습니다. 그것이 선하게 작용할 수 있고 혹은 악하게 작용할 수도 있습니다. 하지만 우리 그리스도인은 오직 선한 영향력만을 행사해야 할 것입니다. 점점 어두워져 가고 있는 세상 속에서 그리스도인의 빛을 발하는 영향력 있는 삶을 위해 우리는 무엇을 어떻게 준비해 가야 할지 함께 살펴보겠습니다.

Connect 말씀 속으로

1 다음에 열거한 사람들이 끼친 긍정적이거나 부정적인 영향력을 간단히 기록해 봅시다.
요셉, 모세, 다윗, 다니엘, 바울, 바로, 아간, 아합, 므낫세, 헤롯

　① 요셉 : 하나님께서 함께하심을 세상에 드러내 보임(보디발의 집에서, 감옥에서, 애굽에서). 고난과 시련 속에서도 하나님의 뜻을 행하고, 용서의 삶을 살았던 인물.

　② 모세 : 출애굽한 이스라엘의 지도자, 광야 이스라엘 백성의 진멸을 면하게 한 중보자, 하나님의 뜻을 이스라엘 백성에게 알린 선지자.

③ **다윗** : 골리앗을 무찌르며 하나님을 드러냄, 하나님께 택함을 받아 이스라엘의 2대 왕이 됨. 하나님의 뜻 가운데 통치함으로 인해 이스라엘뿐만이 아니라, 이방 민족에게도 하나님을 드러냄. 성경에서 하나님의 마음에 합한 자라는 호칭을 얻음.

④ **다니엘** : 바벨론 포로기 때도 하나님의 역사하심을 드러냄. 포로생활 중에 하나님을 향한 온전한 신앙을 드러냄. 이방 왕들(느부갓네살, 벨사살, 다리오 등) 앞에서 하나님을 드러냄.

⑤ **바울** : 예수님의 인격과 사역의 의미를 해석하는 데 있어서 가장 큰 공헌을 한 신약 시대의 인물.

⑥ **바로** : 마음이 강팍하여 애굽에 열 가지 재앙이 내릴 때까지 하나님의 뜻에 굴복하지 않아 애굽의 장자들을 죽음으로 내몲.

⑦ **아간** : 여리고성을 함락시킬 때 아간이 전리품을 숨긴 것으로 인해 이스라엘이 아이성 전투에서 패배하게 됨. 이로 인해 가족 모두가 멸문지화(滅門之禍)를 당함.

⑧ **아합** : 북이스라엘의 왕 중에서 우상 숭배와 탐욕스런 모습을 가장 많이 보여 준 악한 왕.

⑨ **므낫세** : 남유다에서 최장기 집권을 했던 악한 왕. 아버지 히스기야가 헐어 버렸던 산당을 다시 세우며, 아합처럼 이방 종교를 좇고, 성전을 모독했으며 선지자와 죄 없는 사람들을 죽이는 등 많은 죄를 범함.

⑩ **헤롯** : 빌라도에 의해 호송되어 온 예수님을 재판하였는데, 예수님을 업신여기며 희롱한 후 다시 빌라도에게 넘겨주었음.

2 성경 속 하나님의 사람들은 영향력 있는 사람들로 시대를 이끌었습니다. 우리 교회도 '영향력 있는 사람 세우기'를 비전으로 품어야 합니다. 사도행전 8장 4-8절에서 영향력 있는 주님의 제자를 살펴봅시다.

1) 흩어진 사람들은 누구를 가리킵니까? (4절; 참고. 1절)

> **행 8:4** 그 흩어진 사람들이 두루 다니며 복음의 말씀을 전할새
>
> **행 8:1** 사울은 그가 죽임 당함을 마땅히 여기더라 그 날에 예루살렘에 있는 교회에 큰 박해가 있어 사도 외에는 다 유대와 사마리아 모든 땅으로 흩어지니라

▸ 예루살렘 교회에서 큰 박해로 인해 흩어진 성도들

스데반의 순교 이후, 사울의 핍박으로 말미암아 예루살렘에 있는 교회 성도들이 흩어지기 시작했습니다. 하지만 그들은 복음으로 무장한 자들이었습니다. 그들은 핍박 속에서 숨지 않고, 두루 다니며 복음을 담대히 전했습니다.

2) 빌립은 사마리아 성에 내려가 무엇을 했습니까? (5절)

5 빌립이 사마리아 성에 내려가 그리스도를 백성에게 전파하니

▸ 그리스도를 전파함

빌립은 유대인들이 그토록 접촉하기 싫어했던 사마리아성으로 발걸음을 옮깁니다. 이후에도 언급하겠지만, 빌립은 자신의 뜻이 아닌, 성령 하나님의 뜻에 민감한 순종을 보입니다. 그리하여 빌립은 민족적 편견을 뛰어넘어 그리스도의 복음을 차별 없이 전파하였습니다.

3) 빌립 한 사람의 영향력이 어떤 결과를 낳았습니까? (6-8절)

6 무리가 빌립의 말도 듣고 행하는 표적도 보고 한마음으로 그가 하는 말을 따르더라 **7** 많은 사람에게 붙었던 더러운 귀신들이 크게 소리를 지르며 나가고 또 많은 중풍병자와 못 걷는 사람이 나으니 **8** 그 성에 큰 기쁨이 있더라

▸ 사마리아 성에 큰 기쁨이 임함

빌립이 전한 복음에 사마리아 사람들이 귀를 기울입니다. 그리고

그 복음을 확증하는 표적이 일어나며 그들이 빌립을 따르기 시작합니다. 집사로 세워진 빌립은 마치 예수님의 공생애 사역처럼 귀신을 내쫓고 병자들을 고치는 등의 동일한 사역을 하고 있음을 볼 수 있습니다. 이 결과 사마리아성에 큰 기쁨이 찾아옵니다. 이것은 오직 예수 그리스도만이 주시는 참 기쁨입니다.

4) 빌립 집사는 어떤 사람이었습니까?

① 8:26, 29 (참고. 행 6:3)

행 8:26 주의 사자가 빌립에게 말하여 이르되 일어나서 남쪽으로 향하여 예루살렘에서 가사로 내려가는 길까지 가라 하니 그 길은 광야라

행 8:29 성령이 빌립더러 이르시되 이 수레로 가까이 나아가라 하시거늘

행 6:3 형제들아 너희 가운데서 성령과 지혜가 충만하여 칭찬 받는 사람 일곱을 택하라 우리가 이 일을 그들에게 맡기고

▸ 성령님께 민감한 자, 성령과 지혜가 충만한 자, 칭찬 받는 자

6장을 먼저 살펴보면 빌립은 예루살렘 교회에서 성령과 지혜가 충만한 자였습니다. 성령님이 사람 안에 충만히 내주하시면 자연스럽게 지혜로워집니다. 즉 지혜는 성령 충만의 결과라고 볼 수 있습니다. 그리고 빌립을 칭찬받는 자라고 기록합니다. 이것은 공동체에서 인정받는 자라는 의미입니다. 이처럼 성령 충만하여 지혜가 충만하면, 자연스럽게 공동체 내에 칭찬받고 인정받는 자가 됩니다. 이에

예루살렘 교회의 일곱 집사로 세워집니다.

빌립은 예루살렘 교회에서 일어난 구제 사업의 문제를 해결하는 사역에 탁월했을 뿐만 아니라(지혜로움), 위에서 살펴보았듯이 복음 전파에도 능한 자였습니다(성령 충만). 그로 인해 성령님께 민감하게 반응하며 광야로 가라는 음성에 순종합니다. 그리고 에디오피아 내시가 있는 수레로 가라는 성령의 내밀한 음성에도 바로 순종합니다.

② 8:26b-27, 30

행 8:26b-27 26b 가라 하니 그 길은 광야라 27 일어나 가서 보니 에디오피아 사람 곧 에디오피아 여왕 간다게의 모든 국고를 맡은 관리인 내시가 예배하러 예루살렘에 왔다가

행 8:30 빌립이 달려가서 선지자 이사야의 글 읽는 것을 듣고 말하되 읽는 것을 깨닫느냐

▸ 순전한 순종이 있는 자, 편견이 없는 자, 말씀에 능한 자

성령님께서 무엇을 말씀하시든 순종하는 자가 바로 빌립 집사였습니다. 광야로 내모시든, 사마리아성으로 가라 하시든, 빌립은 오직 순종합니다. 그런데 이번에는 성령님께 순종해서 가 보니, 이방 사람 에디오피아 내시를 만나게 됩니다. 유대인들은 이방인들과의 접촉을 기피했습니다. 그럼에도 빌립은 성령님께 민감하게 반응함으로 민족적 편견을 다시 한번 뛰어넘어 복음을 전파하게 됩니다. 성령님께 이끌려 에디오피아(지금의 수단, 현 에티오피아가 아님. 당시 고대 메로에 왕국으로 추측됨)의 재무장관 위치에 있는 내시를

만나게 됩니다. 그때 내시는 예루살렘에 예배하러 왔다가 돌아가는 길이었습니다. 그런데 그가 두루마리 성경을 읽고 있었습니다. 고난 받는 메시아를 보여 주는 이사야 53장 7-8절[30]이었습니다. 빌립은 이 말씀을 그 자리에서 바로 내시에게 풀어 설명을 해 줄 정도로 말씀에 능한 자였습니다.

③ 8:35-36

행 8:35-36 35 빌립이 입을 열어 이 글에서 시작하여 예수를 가르쳐 복음을 전하니 36 길 가다가 물 있는 곳에 이르러 그 내시가 말하되 보라 물이 있으니 내가 세례를 받음에 무슨 거리낌이 있느냐

▸ 성경을 정확히 아는 자, 즉각적 순종을 하는 자

빌립은 이사야 53장 7-8절의 기록이 예수 그리스도를 드러낸다는 것을 정확히 아는 자였습니다. 이처럼 모든 말씀이 예수 그리스도를 드러낸다는 사실[31]을 빌립은 정확히 이해하고 있었던 것입니다. 이렇게 예수 그리스도를 드러내며 복음을 전하자, 내시는 즉각적으로

---

30) 7 그가 곤욕을 당하여 괴로울 때에도 그의 입을 열지 아니하였음이여 마치 도수장으로 끌려가는 어린 양과 털 깎는 자 앞에서 잠잠한 양 같이 그의 입을 열지 아니하였도다 8 그는 곤욕과 심문을 당하고 끌려갔으나 그 세대 중에 누가 생각하기를 그가 살아 있는 자들의 땅에서 끊어짐은 마땅히 형벌 받을 내 백성의 허물 때문이라 하였으리요
31) 눅 24:27 이에 모세와 모든 선지자의 글로 시작하여 모든 성경에 쓴 바 자기에 관한 것을 자세히 설명하시니라

반응하여 세례 받기를 청합니다. 이에 빌립 집사도 세례를 베푸는 것을 주저하지 아니하고, 바로 세례를 베푸는 순종을 보여 줍니다. 이는 베드로 사도가 당시에 이방인 고넬료에게 세례를 베푸는 데 있어서 다소 하나님의 설득이 필요했던 것(사도행전 10장 참고)과는 사뭇 다른 반응이라고 볼 수 있습니다.

5) 당신은 빌립 '한 사람'이 끼친 영향력을 보면서 어떤 도전을 받습니까? 당신의 인생에 영향을 준 '한 사람'이 있다면 나누어 봅시다.

빌립, 한 사람의 순종은 사마리아성을 구했고, 이방 나라 재무장관 한 사람에게 영향력을 끼쳤습니다. 이는 성령 하나님께 민감하여 순종하는 자만이 누릴 수 있는 영향력의 축복입니다. 나 한 사람으로 한 민족이 변화를 경험한다면, 얼마나 영광스러운 일이겠습니까?

지금의 내가 있기까지 영향력을 끼친 한 사람이 누구인지 나눠 보고, 그분에게 감사의 마음을 전해 봅시다. 그리고 나 역시도 한 민족에게 영향력을 끼칠 수 있는 존재라는 사실을 기억하며 하나님께 그 소망의 비전을 품어 봅시다.

3 빌립 집사의 영향력이 한 도시를 바꾸어 놓았습니다. 이처럼 교회는 영향력 있는 사람을 세워야 합니다. 다음 성경 구절을 읽고 교회의 역할이 무엇인지 나누어 봅시다.

1) 에베소서 4:12-13

> **12** 이는 성도를 온전하게 하여 봉사의 일을 하게 하며 그리스도의 몸을 세우려 하심이라 **13** 우리가 다 하나님의 아들을 믿는 것과 아는 일에 하나가 되어 온전한 사람을 이루어 그리스도의 장성한 분량이 충만한 데까지 이르리니

▸ **성도를 온전하게 함 / 봉사의 일을 하게 함 / 그리스도의 장성한 자로 그리스도의 몸을 세움**

교회는 성도를 온전하게 하는 데 힘써야 합니다. 이는 맡겨진 일에 충실할 뿐만 아니라, 자신의 인격을 바쳐 다른 사람을 섬기는 존재로 봉사하게 하는 것입니다. 이를 위해 교회는 성도에게 그리스도에 대한 믿음과 지식의 일치를 강조하며 지속적으로 성장시켜야 합니다. 이를 통해 그리스도의 몸을 세움으로 교회가 교회다워질 수 있는 것입니다. 더 나아가 세상에 바른 영향력을 끼치는 교회가 될 수 있습니다.

2) 골로새서 1:22-23, 28-29

골 1:22-23 22 이제는 그의 육체의 죽음으로 말미암아 화목하게 하사 너희를 거룩하고 흠 없고 책망할 것이 없는 자로 그 앞에 세우고자 하셨으니 **23** 만일 너희가 믿음에 거하고 터 위에 굳게 서서 너희 들은 바 복음의 소망에서 흔들리지 아니하면 그리하리라 이 복음은 천하 만민에게 전파된 바요 나 바울은 이 복음의 일꾼이 되었노라

골 1:28-29 28 우리가 그를 전파하여 각 사람을 권하고 모든 지혜로 각 사람을 가르침은 각 사람을 그리스도 안에서 완전한 자로 세우려 함이니 **29** 이를 위하여 나도 내 속에서 능력으로 역사하시는 이의 역사를 따라 힘을 다하여 수고하노라

▸ **하나님과의 화해를 알림, 흔들리지 않도록 가르침, 완전한 자로 세움, 이 일을 위해 힘을 다해 수고함**

교회는 일차적으로 하나님과 원수 되었던 우리(골 1:21[32])에게 하나님께서 일방적으로 화해를 요청하셨음을 알리는 것이 중요합니다. 오직 하나님께서 주권적으로 우리와 화해를 청하십니다. 이것이 신앙생활의 시작입니다. 우리는 그것을 은혜로 받아들이고, 이제는 완전한 자로 세워지기 위해서 애를 써야 합니다. 여기서 '완전한 자'라는 것은 거룩하고 흠이 없고 책망할 것이 없는 자로 세워짐을 의미합니다. 하나님 편으로 우리가 해야 할 일은 앞서 에베소서에서

---

32) 전에 악한 행실로 멀리 떠나 마음으로 원수가 되었던 너희를

8 과 – 영향력 있는 사람을 세우는 교회 —

181

언급한 믿음과 지식의 진보가 있어야 하고, 세상 편으로는 탁월한 도덕과 윤리가 우리 그리스도인들에게 드러나야 합니다. 이것이 완전한 자의 진정한 의미라고 할 수 있겠습니다.

이를 위해 사도 바울은 자신 안에 역사하시는 성령님의 능력으로 이 일에 힘을 다해 수고한다고 고백합니다. 완전한 자로 세워지는 것은 궁극적으로 우리 안에 성령께서 교회를 통해 이 일을 하십니다. 하지만 성령님께서는 우리 편에서 그렇게 변화되고자 하는 마음과 자세를 요구하십니다. 이것이 1장 23절에 믿음에 거하고 터 위에 서고자 하는 노력, 복음의 소망에서 흔들리지 않으려 애쓰는 것입니다. 사도 바울은 이렇게 교회와 성도를 세우기 위해 29절에서 혼신의 힘을 다해 수고한다고 고백했습니다.

4 교회는 시스템이 아니라 영향력 있는 사람을 세워야 합니다. 어떤 기준으로 사람을 세워야 합니까? 디모데전서 3장 1-5절에서 그 기준을 살펴봅시다. 여기 있는 항목들 가운데 혹시 당신에게 부족한 부분이 있습니까? 그렇다면 그 부족한 부분을 어떻게 개선할 수 있을지 나누어 봅시다.

> **딤전 3:1-5** **1** 미쁘다 이 말이여, 곧 사람이 감독의 직분을 얻으려 함은 선한 일을 사모하는 것이라 함이로다 **2** 그러므로 감독은 책망할 것이 없으며 한 아내의 남편이 되며 절제하며 신중하며 단정하며 나그네를 대접하며 가르치기를 잘하며 **3** 술을 즐기지 아니하며 구타하지 아니하며 오직 관용하며 다투지 아니하며 돈을 사랑하지 아니하며 **4** 자기 집을 잘 다스려 자녀들로 모든 공손함으로 복종하게 하는 자라야 할지며 **5** (사람이 자기 집을 다스릴 줄 알지 못하면 어찌 하나님의 교회를 돌보리요)

디모데전서 3장은 교회의 리더를 세우기 위한 조건을 말해 주고 있습니다. 그런데 흥미로운 것은 리더의 직무를 설명하는 대신 이 직분으로 봉사할 사람의 성품을 먼저 이야기하고 있다는 것입니다. 그것은 기능적인 역할보다는 성숙한 그리스도인으로서의 자질을 더욱 중시한다고 볼 수 있습니다. 교회의 리더는 도덕적으로, 성적으로, 성품적으로 준비가 되어 있어야 합니다. 그리고 교육적으로도 잘 기능해야 하며, 돈에 욕심을 내어서는 안 되고, 가정을 잘 다스려야 한다고 말합니다. 특별히 가정을 잘 다스려야 하는 이유는 교회를 영적 가족으로 보기 때문입니다. 이는 눈에 보이는 자신의 가정을 잘 돌보지 못하고 필요를 채워 주지 못하는 사람은, 눈에 보이지 않는 영적인 필요를 교회의 영적 가족에게 채워 줄 수 없고 그들을 잘 돌볼 수 없습니다. 이처럼 교회의 리더는 그 자리를 탐하는 자가 아닌, 하나님 나라의 확장을 위해 준비된 자여야 합니다. 그것이 우선적으로 준비될 때, 세상 속에서도 온전한 영향력을 발휘할 수 있게 됩니다. 위의 항목을 살펴보며 우리의 부족함을 직시하고, 그 성경적 기준에 맞춰 살아가기 위해서 하나님께 도움을 청하며 변화를 추구하길 다짐해 봅시다.

교회에서 당신이 관계 맺고 있는 성도들 가운데 차기 제자훈련생 세 명을 선정하십시오. 그리고 그 사람에게 제자훈련을 진지하게 권하고, 성실한 중보 기도자가 되어 주겠다고 약속해 주십시오.

　하나님 나라의 확장은 계속 이어져야 합니다. 나뿐만이 아니라, 내 주변에 지체들에게도 교회 안에 리더로 온전히 세워지기 위해서 제자훈련에 도전해 볼 것을 권면해 주십시오. 우리 삶이 온전히 제자가 될 때, 세상 속에 영향력 있는 그리스도인으로서 살아가게 될 것입니다.

이름	관계	약속 서명

마무리

1. 인도자는 오늘 배운 내용에 대해서 간략하게 정리한 후, 훈련생 개인의 삶에 적용, 도전을 주며 통성기도를 이끌어 갑니다.

2. 마침 기도는 훈련생이 하도록 합니다. 마침 기도에 대해 미리 마음의 준비를 해 올 수 있도록, 한 주 전에 정해서 알려 주도록 합니다.

Memo

9과

섬김과 나눔을 실천하라

모임을 시작하기 전,	❶ 과제물과 "내 영혼의 거울"(개인별 점검표)을 모임 하루 전까지 총무에게 카톡 또는 메일로 제출할 수 있도록 사전에 공지

❷ 총무는 "내 영혼의 거울"(개인별 점검표)을 취합하여 반별 점검표를 작성한 후 과제물과 함께 목회자에게 제출

❸ 목회자는 모임 전에 미리 "내 영혼의 거울" 및 항목별 과제 점검

❹ 모임 시작 전, 각 개인의 영성생활을 점검해 주는 코멘트를 반드시 해 주시길 바랍니다.

1. 찬양

2. 합심기도

1) 지난 한 주간을 돌아보며, 회개의 시간을 가집니다.

2) 성령 하나님을 초청, 모임 가운데 충만하게 임재하여 달라고 간구합니다.

3) 제자훈련을 위한 분명한 소명과 은혜를 위해 기도합니다.

4) 인도자가 대표기도로 마무리를 하고 모임을 시작합니다.

3. 암송 시험

1) 한 명씩 돌아가며 제시된 두 구절을 외우도록 합니다.

① 너희 중에 분깃이나 기업이 없는 레위인과 네 성중에 거류하는 객과 및 고아와 과부들이 와서 먹고 배부르게 하라 그리하면 네 하나님 여호와께서 네 손으로 하는 범사에 네게 복을 주시리라 신 14:29

② 너희 중에 누구든지 으뜸이 되고자 하는 자는 모든 사람의 종이 되어야 하리라 인자가 온 것은 섬김을 받으려 함이 아니라 도리어 섬기려 하고 자기 목숨을 많은 사람의 대속물로 주려 함이니라 막 10:44-45

4. 과제 점검

1) "내 영혼의 거울" 중심으로 과제를 점검합니다.

2) 각 훈련생마다 영적 생활을 점검해 줍니다. 잘한 부분은 칭찬, 부족한 부분은 잘할 수 있도록 동기부여를 해 줍니다.

5. 삶 나눔 및 생활숙제 나눔

1) 지난 한 주 동안 있었던 즐거웠던 일, 슬펐던 일 등 한 주간의 이슈를 나눕니다.

   ※ 슬프거나 안타까운 일을 들었을 때, 성령님의 인도하심에 따라 바로 합심기도를 해도 좋겠습니다.

2) 지난 주 과제였던 생활숙제 나눔을 가집니다.

6. Q.T 나눔

1) 정해진 본문을 묵상해 온 것을 함께 돌아가며 나누도록 합니다.

2) 시간을 고려하여 정해진 몇 명만 나눠도 괜찮습니다. 다음 주에는 나누는 인원이 겹치지 않고 골고루 나눌 수 있도록 유도합니다.

7. 독후감 나눔

1) 다음 주 수업 전까지 필독서 『원 포인트 통합교육』(주경훈 저)을 읽고 독후감을 제출하도록 안내합니다.

8. 공지 사항

1) 제자훈련 종강까지 금주 포함 3주 남았습니다. 종강까지 제자훈련 '수료간증문'(A4 1장 정도 분량의 간증문) 제출이 있습니다. 훈련생들이 미리 준비할 수 있도록 공지 부탁드립니다.

2) 사진 촬영 안내 : 제자훈련생들이 시간을 확보할 수 있도록 공지 부탁드립니다.

그리스도인에게 섬김과 나눔은 선택이 아닌 필수입니다. 주님께서 그런 삶을 사셨기 때문입니다. 조나단 에드워즈는 구제가 하나님께 은혜를 받는 중요한 방편 중에 하나라고까지 말합니다. 진정한 섬김과 나눔을 통해서 우리가 경험할 수 있는 하나님의 은혜가 무엇인지 함께 살펴보도록 하겠습니다.

Connect 말씀 속으로

1. 예수님의 삶이 어땠는지 다음 성경 구절을 함께 살펴봅시다.

1) 세베대의 아들 야고보와 요한이 예수님께 구한 것은 무엇입니까? (막 10:35-37)

35 세베대의 아들 야고보와 요한이 주께 나아와 여짜오되 선생님이여 무엇이든지 우리가 구하는 바를 우리에게 하여 주시기를 원하옵나이다 **36** 이르시되 너희에게 무엇을 하여 주기를 원하느냐 **37** 여짜오되 주의 영광 중에서 우리를 하나는 주의 우편에, 하나는 좌편에 앉게 하여 주옵소서

‣ 높은 지위를 얻고자 함

예수님의 수제자 무리 중에 두 사람 세베대의 아들 야고보와 요한은 각각 자신들이 예수님 좌편에, 그리고 우편에 앉게 해 달라고 요청합니다. 이것은 높은 지위를 누리기 원하는 요청입니다.

2) 예수님이 제자들에게 가르쳐 주신 것은 무엇입니까?
   (막 10:43-44)

> **43** 너희 중에는 그렇지 않을지니 너희 중에 누구든지 크고자 하는 자는 너희를 섬기는 자가 되고 **44** 너희 중에 누구든지 으뜸이 되고자 하는 자는 모든 사람의 종이 되어야 하리라

‣ 섬기는 종이 돼라

예수님께서는 세상의 가치관과 전혀 다른 말씀을 하십니다. 세상은 우리에게 사람들 위에 군림해야 한다고 합니다. 하지만 예수님은 하나님 나라 백성이 진정 높아지고자 한다면 섬기는 종이 되어야 한다고 말씀하십니다. '모든' 사람의 종으로서 섬겨야 한다는 것입니다. 이것이 주님의 가르침이시라면 우리 모두의 본성을 내려놓고 따라야 합니다.

3) 그리스도의 이름으로 어린아이 하나를 영접하면 하나님을 영
   접하는 것이라는 말씀은 어떤 의미입니까?
   (막 9:36-37; 참고. 마 25:40)

막 9:36-37 **36** 어린 아이 하나를 데려다가 그들 가운데 세우시고 안으
시며 제자들에게 이르시되 **37** 누구든지 내 이름으로 이런 어린 아이 하
나를 영접하면 곧 나를 영접함이요 누구든지 나를 영접하면 나를 영접함
이 아니요 나를 보내신 이를 영접함이니라

마 25:40 임금이 대답하여 이르시되 내가 진실로 너희에게 이르노니 너
희가 여기 내 형제 중에 지극히 작은 자 하나에게 한 것이 곧 내게 한 것
이니라 하시고

▸ 하나님의 가치로 사람을 대하라

당시 어린아이는 사회적으로 지극히 낮은 지위를 가졌습니다. 그
래서 예수님께서는 이 어린아이들처럼 사회적으로 지위가 낮은 자
들을 대하는 태도를 제자들에게 알려 주고 싶어 하셨습니다. 이 구절
전에도 제자들은 여전히 높아지고자 말다툼을 하고 있었습니다(막
9:34). 높아지고자 하는 자가 있다면, 어린아이와 같은 세상에 지극
히 작은 자들을 향해 예수님께 대하듯 섬기라는 것입니다. 존대할 이
유가 없는 자들을 주님의 이름으로 높이라는 것입니다. 그것을 제자
공동체에서 먼저 서로에게 실행하라는 것입니다. 이 순종이 하나님
의 가치를 진정으로 받아들인 제자들의 태도라고 말씀하십니다.

4) 예수님이 이 땅에 오신 목적은 무엇입니까? (막 10:45)

45 인자가 온 것은 섬김을 받으려 함이 아니라 도리어 섬기려 하고 자기 목숨을 많은 사람의 대속물로 주려 함이니라

▸ 죽기까지 섬기시기 위해

　예수님은 스스로 인자(人子)라고 칭하십니다. 이것은 '사람의 아들'이라는 표현으로, 예수님이 자신을 낮춰 부르실 때 사용하신 단어입니다. 이처럼 하나님의 아들이신 예수님께서 사람의 아들로 이 세상에 나타나신 이유는 많은 사람들의 대속물이 되시기 위해서, 죽기까지 섬기기 위해서 오셨다는 것입니다. 이 예수님의 죽기까지 섬기신 리더십을 본받아 우리도 모든 사람의 종이 되어야 합니다.

5) 당신은 낮아지는 데 익숙합니까, 아니면 높아지는 데 익숙합니까? 섬김을 받는 데 익숙합니까, 아니면 섬기는 데 익숙합니까? 과거와 현재의 모습을 적어보고, 미래에 당신이 이루고 싶은 모습을 기록해 보십시오.

　인간의 본성은 높아지고자 합니다. 인간들도 적자생존, 양육강식이라는 동물의 세계처럼 높아짐을 추구합니다. 그런데 너무나도 자연스러운 세상의 원리를 뒤집는 혁명적인 선언을 예수님이 하신 것입니다. 높아지고자 하면 낮아지고, 으뜸이 되고자 한다면 모든 사람의 종이 되어야 하는 원리 말입니다. 우리의 과거와 현재에 혹 이

런 모습이 있다는 것을 진단할 수만 있다면, 말씀대로 될 수 있습니다. 우리 안에 계신 그리스도의 영이신 성령님을 의지하여 이후로 예수님처럼 낮아지는 섬김의 리더십(Servant-Leadership)을 달라고 간절히 간구합시다.

과거	현재	미래

2 우리는 비교적 여유로울 때 남에게 베푸는 것을 나눔이라고 생각하는 경우가 많습니다. 아래 말씀들을 보며 진정한 나눔이 무엇인지 생각해 봅시다. 그리고 현재 나눔의 삶을 살고 있는지 점검해 봅시다.

1) 다음 성경 구절들을 보면 나눔은 무엇입니까?
   (신 24:19-21; 레 19:9-10)

신 24:19-21 **19** 네가 밭에서 곡식을 벨 때에 그 한 뭇을 밭에 잊어버렸거든 다시 가서 가져오지 말고 나그네와 고아와 과부를 위하여 남겨두라 그리하면 네 하나님 여호와께서 네 손으로 하는 모든 일에 복을 내리시리라 **20** 네가 네 감람나무를 떤 후에 그 가지를 다시 살피지 말고 그 남은 것은 객과 고아와 과부를 위하여 남겨두며 **21** 네가 네 포도원의 포도를 딴 후에 그 남은 것을 다시 따지 말고 객과 고아와 과부를 위하여 남겨두라

레 19:9-10 9 너희가 너희의 땅에서 곡식을 거둘 때에 너는 밭 모퉁이까지 다 거두지 말고 네 떨어진 이삭도 줍지 말며 10 네 포도원의 열매를 다 따지 말며 네 포도원에 떨어진 열매도 줍지 말고 가난한 사람과 거류민을 위하여 버려두라 나는 너희의 하나님 여호와이니라

▸ 조건 없이 베풂, 배려 ⇨ 복 받는 비결

성경에서는 자신이 수확하는 것에는 자신만의 것이 아니라, 가난한 이웃의 것도 포함되어 있음을 알려 줍니다. 곡식을 수확하는 것이 햇빛과 비를 주시는 하나님의 은혜로 가능함을 인정한다면, 우리는 조건 없이 나눌 수 있습니다. 특별히 사회적인 돌봄이 절대적으로 필요한 고아와 과부, 외국인 노동자들을 위해서 나의 소유 중 그들의 몫을 나눌 수 있는 배려가 필요하다고 말씀하십니다. 그런데 이 모든 일에 순종하면, 결국 나의 손으로 하는 모든 일에 복을 주신다는 하나님의 약속이 있습니다. 복을 받길 원한다면, 움켜쥔 내 손을 펴서 나눠야 합니다. 그때 하늘의 복을 받아 누릴 수 있게 됩니다.

2) 나눔은 실천하기가 쉽지 않습니다. 어떻게 하면 나눔을 기쁘게
  잘 할 수 있을까요? (막 12:29-31; 신 8:18; 참고. 눅 10:36-37)

막 12:29-31 **29** 예수께서 대답하시되 첫째는 이것이니 이스라엘아 들
으라 주 곧 우리 하나님은 유일한 주시라 **30** 네 마음을 다하고 목숨을 다
하고 뜻을 다하고 힘을 다하여 주 너의 하나님을 사랑하라 하신 것이요
31 둘째는 이것이니 네 이웃을 네 자신과 같이 사랑하라 하신 것이라 이
보다 더 큰 계명이 없느니라

신 8:18 네 하나님 여호와를 기억하라 그가 네게 재물 얻을 능력을 주셨
음이라 이같이 하심은 네 조상들에게 맹세하신 언약을 오늘과 같이 이루
려 하심이니라

눅 10:36-37 **36** 네 생각에는 이 세 사람 중에 누가 강도 만난 자의 이웃
이 되겠느냐 **37** 이르되 자비를 베푼 자니이다 예수께서 이르시되 가서
너도 이와 같이 하라 하시니라

▸ 명령에 단순한 순종

성경의 가장 큰 계명은 두 가지입니다. 하나는 하나님을 사랑하는
것이고, 다른 하나는 이웃을 사랑하는 것입니다. 계명은 곧 명령입
니다. 권유가 아닌, 내가 하나님의 백성이라면 반드시 순종해야 하
는 율법입니다. 그런데 이 계명은 언제나 강요가 아닌 사랑을 동반
한 자발적 순종이어야 합니다. 주님께서는 그것을 원하시고, 기뻐하
십니다.

무엇보다 우리가 이웃을 사랑함으로 우리가 가진 것을 나눠 줄 수
있으려면 내가 가진 것의 출처를 명확히 하는 것이 중요합니다. 신
명기 8장 18절 말씀은 내가 재물을 얻을 능력을 '하나님께서 주셨

다'고 명시하고 있습니다. 따라서 내 주변에 도움이 필요한 이웃에게 자비를 베풀 수 있는 행함은 오직 하나님을 사랑함으로 나에게 소유를 허락하신 하나님께 대한 순종인 것입니다.

3) 소유지향적인 사람과 존재지향적인 사람의 특징을 기록해 보십시오. 두 부류의 사람 중 어떤 사람이 나눔을 실천하며 살 수 있을까요?

① 소유지향적인 사람의 특징

취하려고만 합니다. 나, 내 가족 중심적으로만 생각합니다. 소유를 통해 자신의 존재감을 확인받고 싶어 합니다. 소유의 여부에 따라 불안, 평온 등의 마음 상태가 결정됩니다.

② 존재지향적인 사람의 특징

나누려고 합니다. 나의 존재가 귀하듯, 다른 사람의 존재를 귀하게 여깁니다. 타인의 존재를 귀히 여김으로 나의 도움을 필요로 하는 누군가에게 베풂을 실천합니다. 타인의 존재의 회복이 나의 기쁨이 됩니다. 나도 그처럼 도움이 필요한 상황이 올 수 있음을 알기에 역지사지(易地思之)의 마음을 가지고 나눔을 실천합니다.

3 왜 나눔의 삶을 살아야 합니까?

1) 신명기 14:29

> **29** 너희 중에 분깃이나 기업이 없는 레위인과 네 성중에 거류하는 객과 및 고아와 과부들이 와서 먹고 배부르게 하라 그리하면 네 하나님 여호와께서 네 손으로 하는 범사에 네게 복을 주시리라

▸ 범사에 복을 받기 위해서

하나님께서는 레위인, 나그네, 고아와 과부 등 사회적 약자층 혹은 최빈곤층을 위해 구제하라고 말씀하셨습니다. 이를 통해 사회적 안전망을 구축하는 것입니다. 안전을 누리는 것은 일차적인 간접적 복입니다. 그리고 하나님께서는 구제하는 자들의 손에 범사의 축복을 더하시겠노라고 분명하게 말씀하셨습니다. 이 말씀 구절 그대로 순종함이 있을 때 놀라운 복을 경험케 될 것입니다.

2) 신명기 24:19-22

19 네가 밭에서 곡식을 벨 때에 그 한 뭇을 밭에 잊어버렸거든 다시 가서 가져오지 말고 나그네와 고아와 과부를 위하여 남겨두라 그리하면 네 하나님 여호와께서 네 손으로 하는 모든 일에 복을 내리시리라 **20** 네가 네 감람나무를 떤 후에 그 가지를 다시 살피지 말고 그 남은 것은 객과 고아와 과부를 위하여 남겨두며 **21** 네가 네 포도원의 포도를 딴 후에 그 남은 것을 다시 따지 말고 객과 고아와 과부를 위하여 남겨두라 **22** 너는 애굽 땅에서 종 되었던 것을 기억하라 이러므로 내가 네게 이 일을 행하라 명령하노라

‣ 나도 종이었음을 기억하기 위해

하나님께서 구제와 선행을 통해 나에게 교훈하시는 것은 나 역시도 세상의 종, 노예와 같은 살았던 것을 기억하게 하시기 위함입니다. 우리 역시도 예수님 믿기 전에는 돈의 노예로 살았습니다. 내 삶에 안정감을 물질에 두었습니다. 하지만 예수님을 믿고 난 뒤, 하나님의 나라를 구할 때 물질로부터 자유함을 허락해 주셨습니다(마 6:33). 따라서 주께서 주시는 자유함과 풍성함의 은혜를 모르는 자들에게 구제와 선행을 통해 우리가 누리는 은혜를 누리게 해 주어야 합니다. 결론적으로 구제와 선행을 할 때, 나 자신은 세상 가치관의 종으로부터 해방된 자유자임을 기억하고, 타인에게도 이와 같은 하나님의 은혜를 누릴 수 있도록 다리 역할을 해 주어야 합니다.

3) 잠언 19:17

▸ 가난한 자도 하나님의 형상이요, 그의 백성이기 때문

잠언 19장 16절과 17절은 같은 흐름상에 있습니다. 16절[33]에 보면 "계명을 지키는 자는"이라고 되어 있습니다. 하나님께서 주신 계명을 지키는 것의 일환이 바로 가난한 자를 불쌍히 여기는 것임을 말합니다. 사실 우리가 가난한 자를 바라보는 시선에 문제가 있을 수 있습니다. 그들 스스로의 문제로 인해, 가령 게으름이나 무능력함 등으로 가난해졌다고 볼 수 있을 것입니다. 하지만 하나님의 말씀 신명기 15장 11절 상반절에 보면 "땅에는 언제든지 가난한 자가 그치지 아니하겠으므로"라고 기록하고 있습니다. 가난한 자들은 언제나 우리 곁에 있다는 것입니다. 그런데 하나님께서는 이런 자들을 불쌍히 여겨 돌보는 것이 여호와께 꾸어 드리는 것이라고 표현합니다. 그들도 하나님의 형상이고 백성이니, 여호와 하나님을 대신해서 좀 더 가진 자들이 그들을 돌보라는 것입니다. 그리할 때 하나님께서 그들의 선행을 갚아 주신다고 말씀해 주십니다. 하나님께서 우리 삶을 신실하게 돌보고 계심을 경험하기 위해 가난한 자들에게 손을 뻗어 봅시다.

---

33) 계명을 지키는 자는 자기의 영혼을 지키거니와 자기의 행실을 삼가지 아니하는 자는 죽으리라

4 교회는 건물과 조직을 넘어서는 개념입니다. 교회는 하나님의 사랑으로 섬기며 나누는 공동체입니다(행 4:32). 나눔의 삶을 살지 않을 때 어떤 일이 일어날까요?

> **32** 믿는 무리가 한마음과 한 뜻이 되어 모든 물건을 서로 통용하고 자기 재물을 조금이라도 자기 것이라 하는 이가 하나도 없더라

▸ 진정한 성령 충만함을 경험하지 못하게 됨

사도행전 4장 32-37절의 기록은 2장 42-47절과 함께 성령 충만함에서 오는 진정한 공동체의 모습을 드러냅니다. 그중 대표적인 모습이 공동체에 궁핍한 자들을 돌보며 가난한 자들의 곤궁함을 채워 주는 관대함이었습니다. 종교개혁가 칼뱅은 이것이 세상에서 최고로 세력을 떨치고 있는 '소유에 대한 욕망'에 대해 반기를 드는 것이라고 말했습니다. 성령 충만함은 소유가 아닌 나눔으로 우리를 이끌어 갑니다. 따라서 우리가 나누지 않는다면 우리는 성령 충만의 흉내만 낼뿐, 진정한 성령 충만함을 경험하지 못하게 됩니다.

5 진정으로 섬기고 나누는 자들은 어떤 복을 누리게 됩니까?

1) 마태복음 10:42

> **42** 또 누구든지 제자의 이름으로 이 작은 자 중 하나에게 냉수 한 그릇이라도 주는 자는 내가 진실로 너희에게 이르노니 그 사람이 결단코 상을 잃지 아니하리라 하시니라

▸ **결단코 상을 잃지 않게 됨**

이 구절에서 말씀하시고 있는 '이 작은 자 중 하나'는 복음을 전하는 제자들이고, 더 넓게는 순회 전도자들(마 25:40[34])을 말하며, 결국 예수님을 따르는 모든 제자에게 적용되는 구절입니다. 제자의 삶을 살아가는 우리가 복음을 위해 애쓰는 형제자매들에게 가장 작은 섬김(냉수 한 그릇)을 베풀어도 결단코 상을 잃지 않을 것이라고 말씀하고 있습니다.

---

34) 임금이 대답하여 이르시되 내가 진실로 너희에게 이르노니 너희가 여기 내 형제 중에 지극히 작은 자 하나에게 한 것이 곧 내게 한 것이니라 하시고

2) 누가복음 6:38

38 주라 그리하면 너희에게 줄 것이니 곧 후히 되어 누르고 흔들어 넘치
도록 하여 너희에게 안겨 주리라 너희가 헤아리는 그 헤아림으로 너희도
헤아림을 도로 받을 것이니라

▸ 흔들어 넘치는 복을 누리게 됨

이 구절은 "원수를 사랑하라"라는 말씀의 문맥적 흐름 안에 있습
니다. 우리가 원수를 사랑할 수 있는 가장 중요한 원리는 우리가 하
나님과 원수 되었을 때, 예수님의 사랑으로 화해가 이루어졌음을 기
억하는 것입니다. 따라서 원수에게조차도 예수님의 사랑으로 자비
를 베풀며 줄 수 있어야 한다는 것입니다. 원수에게 자비를 베푸는
것은 쉽지 않지만, 말씀에 순종하면 흔들어 넘치도록 후히 주신다고
말씀하십니다. 결국 누구에게든 관대한 사람이 되어 베풀기를 즐겨
한다면, 하나님께서 우리 삶을 풍성히 채우심을 경험하며 살아갈 수
있게 됩니다.

3) 요한복음 13:14-17

> **14** 내가 주와 또는 선생이 되어 너희 발을 씻었으니 너희도 서로 발을 씻어 주는 것이 옳으니라 **15** 내가 너희에게 행한 것 같이 너희도 행하게 하려 하여 본을 보였노라 **16** 내가 진실로 진실로 너희에게 이르노니 종이 주인보다 크지 못하고 보냄을 받은 자가 보낸 자보다 크지 못하나니 **17** 너희가 이것을 알고 행하면 복이 있으리라

‣ 예수님을 닮아 가는 복

본문은 예수님께서 친히 제자들의 발을 씻기신 세족식 후의 이야기입니다. 당시 발을 씻기는 것은 낮은 자가 높은 자에게 하는 행위였습니다. 그러하기에 당시의 풍습을 전복시키시는 예수님의 모습은 참으로 급진적입니다. 모든 권세를 가지신 예수님께서 친히 낮아지셔서 피조물인 인간의 발을 씻기셨습니다. 그런데 이제 그 진정한 섬김을 우리 공동체 안에서 하라고 말씀하십니다. 높아지긴 쉬우나, 허리를 굽혀 낮아져 섬기기란 쉽지 않습니다. 하지만 진정한 성령의 충만함은 우리의 허리를 낮춰 섬기게 합니다. 이런 순종이 있을 때, 겸손하신 주님의 삶이 내 안에 이뤄지는 진정한 복을 경험하게 될 것입니다.

다음 영역에서의 섬김 혹은 나눔을 2가지씩 결단하고 실천합시다.

이제 진정한 구체적인 섬김과 나눔을 삶에서 실천하는 것이 참으로 중요합니다. 주변 환경 속에서 내가 할 수 있는 최선의 섬김과 나눔의 실천을 결단하여 기록해 보고 실천해 봅시다.

영역	대상	거룩함을 위한 결단	결단의 실천 결과
가정	배우자	①	
		②	
	자녀	①	
		②	
교회	공동체	①	
		②	
사회 (직장)	선배	①	
		②	
	동료 및 후배	①	
		②	

마무리

1. 인도자는 오늘 배운 내용에 대해서 간략하게 정리한 후, 훈련생 개인의 삶에 적용, 도전을 주며 통성기도를 이끌어 갑니다.

2. 마침 기도는 훈련생이 하도록 합니다. 마침 기도에 대해 미리 마음의 준비를 해 올 수 있도록, 한 주 전에 정해서 알려 주도록 합니다.

다음 세대에게
신앙을 전수하라

❷ 총무는 "내 영혼의 거울"(개인별 점검표)을 취합하여 반별 점검표를 작성한 후 과제물과 함께 목회자에게 제출

❸ 목회자는 모임 전에 미리 "내 영혼의 거울" 및 항목별 과제 점검

❹ 모임 시작 전, 각 개인의 영성생활을 점검해 주는 코멘트를 반드시 해 주시길 바랍니다.

1. 찬양

2. 합심기도

1) 지난 한 주간을 돌아보며, 회개의 시간을 가집니다.

2) 성령 하나님을 초청, 모임 가운데 충만하게 임재하여 달라고 간구합니다.

3) 제자훈련을 위한 분명한 소명과 은혜를 위해 기도합니다.

4) 인도자가 대표기도로 마무리를 하고 모임을 시작합니다.

3. 암송 시험

1) 한 명씩 돌아가며 제시된 두 구절을 외우도록 합니다.

① 마땅히 행할 길을 아이에게 가르치라 그리하면 늙어도 그것을 떠나지 아니하리라 잠 22:6

② 이스라엘아 들으라 우리 하나님 여호와는 오직 유일한 여호와이시니 너는 마음을 다하고 뜻을 다하고 힘을 다하여 네 하나님 여호와를 사랑하라 오늘 내가 네게 명하는 이 말씀을 너는 마음에 새기고 네 자녀에게 부지런히 가르치며 집에 앉았을 때에든지 길을 갈 때에든지 누워 있을 때에든지 일어날 때에든지 이 말씀을 강론할 것이며 너는 또 그것을 네 손목에 매어 기호를 삼으며 네 미간에 붙여 표로 삼고 또 네 집 문설주와 바깥 문에 기록할지니라 신 6:4-9

4. 과제 점검

1) "내 영혼의 거울" 중심으로 과제를 점검합니다.

2) 각 훈련생마다 영성생활을 점검해 줍니다. 잘한 부분은 칭찬, 부족한 부분은 잘할 수 있도록 동기부여를 해 줍니다.

5. 삶 나눔 및 생활숙제 나눔

1) 지난 한 주 동안 있었던 즐거웠던 일, 슬펐던 일 등 한 주간의 이슈를 나눕니다.

  ※ 슬프거나 안타까운 일을 들었을 때, 성령님의 인도하심에 따라 바로 합심기도를 해도 좋겠습니다.

2) 지난 주 과제였던 생활숙제 나눔을 가집니다.

6. Q.T 나눔

1) 정해진 본문을 묵상해 온 것을 함께 돌아가며 나누도록 합니다.

2) 시간을 고려하여 정해진 몇 명만 나눠도 괜찮습니다. 다음 주에는 나누는 인원이 겹치지 않고 골고루 나눌 수 있도록 유도합니다.

7. 독후감 나눔

1) 다음 주 수업 전까지 필독서 『늘 급한 일로 쫓기는 삶』(찰스 험멜 저)을 읽고 독후감을 제출하도록 안내합니다.

8. 공지 사항

1) 다음 주는 제자훈련의 종강이지만, 9월 첫 주부터 "소그룹 인도법"으로 이어집니다.

2) 현재 제자반은 "소그룹 인도법" 강의에 자동 신청됩니다.

3) 다음 주에는 암송 시험(전체 범위)이 있습니다.

4) 종강까지 제자훈련 "수료간증문" 제출이 있습니다. A4 1장 정도 분량의 간증문을 각 반별로 취합해 주시길 바랍니다.

북한의 김일성이 기독교 가정에서 자랐다는 것은 참으로 큰 충격입니다. 아무리 기독교 가정에서 자랐다고 해도 진정한 그리스도인이 되는 것은 각고의 노력이 필요함을 알 수 있습니다. 믿음의 가정에서 태어난 아이들을 향해 '자연히 믿음이 성장하겠지'라고 생각하는 믿음불감증은 위험합니다. 지금 바로 우리 아이들이 신앙 안에서 잘 자라나고 있는지 점검하고 확인해야 합니다. 만약 그렇지 못하다면 오늘 이 시간을 통해 자녀 교육을 가정에서 실천할 수 있도록 결단하는 시간이 되길 원합니다.

Connect 말씀 속으로

1 사사기 2장 6-10절에는 '두 세대'가 등장합니다. 하나는 '그 세대'이고, 다른 하나는 '그 후에 일어난 다른 세대'입니다. 두 세대는 각각 어떤 세대를 가리킵니까?

> 6 전에 여호수아가 백성을 보내매 이스라엘 자손이 각기 그들의 기업으로 가서 땅을 차지하였고 7 백성이 여호수아가 사는 날 동안과 여호수아 뒤에 생존한 장로들 곧 여호와께서 이스라엘을 위하여 행하신 모든 큰 일을 본 자들이 사는 날 동안에 여호와를 섬겼더라

8 여호와의 종 눈의 아들 여호수아가 백십 세에 죽으매 9 무리가 그의 기업의 경내 에브라임 산지 가아스 산 북쪽 딤낫 헤레스에 장사하였고 10 그 세대의 사람도 다 그 조상들에게로 돌아갔고 그 후에 일어난 다른 세대는 여호와를 알지 못하며 여호와께서 이스라엘을 위하여 행하신 일도 알지 못하였더라

1) 그 세대 (7절; 참고. 수 24:31)

삿 2:7 백성이 여호수아가 사는 날 동안과 여호수아 뒤에 생존한 장로들 곧 여호와께서 이스라엘을 위하여 행하신 모든 큰 일을 본 자들이 사는 날 동안에 여호와를 섬겼더라

수 24:31 이스라엘이 여호수아가 사는 날 동안과 여호수아 뒤에 생존한 장로들 곧 여호와께서 이스라엘을 위하여 행하신 모든 일을 아는 자들이 사는 날 동안 여호와를 섬겼더라

▸ 하나님을 경험하여 아는 세대

사사기에 등장하는 '그 세대'는 여호수아와 함께 하나님의 크신 일들을 본 자들입니다. 가나안 땅을 정복하여 그 땅을 차지하고 배분하는 이스라엘의 중요한 역사를 함께한 자들이었습니다. 하나님의 크신 일을 직접 경험함으로 하나님이 어떤 분이신지 아는 자들이 바로 '그 세대'의 사람들이었습니다.

2) 그 후에 일어난 다른 세대 (10절)

> **10** 그 세대의 사람도 다 그 조상들에게로 돌아갔고 그 후에 일어난 다른 세대는 여호와를 알지 못하며 여호와께서 이스라엘을 위하여 행하신 일도 알지 못하였더라

▸ 하나님을 알지 못한 세대

여호수아와 함께한 '그 세대'가 끝난 뒤, '그 후에 일어난 다른 세대'는 하나님을 알지 못하며, 하나님께서 이스라엘에게 행하신 놀라운 일들을 알지도 못했던 세대였습니다. 어떻게 이런 일이 가능할까요? 불과 한 세대 만에 이렇게 전혀 다른 세대로 변할 수 있을까요? 그 원인을 아래에서 찾아봅시다.

2 사사기 2장 10절에서 기술한 바와 같이 두 세대가 공존하는 공동체가 우리 주변에 있습니다. 이러한 공동체를 경험한 적이 있다면 이에 대해 나누어 봅시다.

우리 시대에도 종종 이와 같은 유사한 사례를 보게 됩니다. 부모는 신앙생활에 열심을 다하나, 자녀 세대는 전혀 신앙생활을 하지 않는 모습 말입니다. 왜 이와 같은 안타까운 일들을 우리 주변에서 심심치 않게 보게 될까요? 함께 비슷한 사례를 나눠 봅시다. 그리고 왜 그런 일이 일어나는지 앞으로 그 이유를 살펴보도록 하겠습니다.

3 '그 후에 일어난 다른 세대'는 '그 세대'와 달리 여호와를 알지 못하
며 여호와께서 이스라엘을 위하여 행하신 일도 알지 못했습니다.
그 이유는 무엇일까요?

1) 사사기 17:6

> **6** 그 때에는 이스라엘에 왕이 없었으므로 사람마다 자기 소견에 옳은 대
> 로 행하였더라

▶ **지도자의 부재**

사사기에서는 이스라엘에 왕이 없으므로 사람마다 자기 소견에
옳은 대로 행했다고 기록합니다. 이를 통해 다른 세대가 등장한 이
유 중에 하나는 이스라엘의 하나님을 경외하며 다스리는 통치자의
부재를 들 수가 있습니다. 모세는 여호수아를 후계자로 세워 이스라
엘의 미래를 준비했으나, 여호수아는 그렇게 하지 않았다는 것이 패
착이 되고 만 것입니다. 이에 다음 세대의 리더십 계승을 위한 현세
대의 준비가 반드시 필요함을 알 수 있습니다.

2) 신명기 6:7

> **7** 네 자녀에게 부지런히 가르치며 집에 앉았을 때에든지 길을 갈 때에든
> 지 누워 있을 때에든지 일어날 때에든지 이 말씀을 강론할 것이며

때와 장소를 가리지 말고 자녀들에게 항상 반복적으로 가르칠 것을 명령하고 있습니다. '부지런히 가르치라'는 말은 히브리어로 '샤난'인데, 이 단어는 '각인시키다', '반복적으로 가르치다', '주입하다'라는 의미를 가지고 있습니다. 자녀들의 머릿속에 하나님의 말씀이 새겨질 때까지 주입식으로라도 교육을 하라는 것입니다. 그리고 부모는 강론, 즉 자녀들에게 계속 하나님의 말씀을 말해야 한다고 가르칩니다. 이를 통해 자녀의 신앙에 부모의 역할이 얼마나 중요한지를 알 수 있습니다.

3) 예레미야 29:13

13 너희가 온 마음으로 나를 구하면 나를 찾을 것이요 나를 만나리라

▸ 간절히 찾지 않음

예레미야 당시는 바벨론에 의해 남유다가 멸망을 당하는 상황이었습니다. 이와 같은 풍전등화의 상황 속에도 이스라엘 백성은 하나님을 간절히 찾지 않았습니다. 오히려 하나님이 아닌 애굽에 손을 뻗어 도움을 청했습니다. 하지만 결국 하나님을 찾지 않았던 남유다는 바벨론에 의해 멸망을 당하게 됩니다. 이와 같은 상황 속에서도 하나님께서는 만약 자신을 찾는 백성이 있다면, 외면치 않고 만나

주시는 분이시라고 말씀합니다. 따라서 하나님을 간절히 찾는 것을 자녀들에게 가르쳐야 합니다. 그래야만 자녀 세대도 하나님을 직접 만나는 경험을 하게 될 것입니다.

4 성경은 '여호와를 알지 못한 세대'가 얼마나 비참한지 적나라하게 보여 줍니다. 그 내용은 무엇입니까? (삿 2:11-15)

> 11 이스라엘 자손이 여호와의 목전에 악을 행하여 바알들을 섬기며 12 애굽 땅에서 그들을 인도하여 내신 그들의 조상들의 하나님 여호와를 버리고 다른 신들 곧 그들의 주위에 있는 백성의 신들을 따라 그들에게 절하여 여호와를 진노하시게 하였으되 13 곧 그들이 여호와를 버리고 바알과 아스다롯을 섬겼으므로 14 여호와께서 이스라엘에게 진노하사 노략하는 자의 손에 넘겨 주사 그들이 노략을 당하게 하시며 또 주위에 있는 모든 대적의 손에 팔아 넘기시매 그들이 다시는 대적을 당하지 못하였으며 15 그들이 어디로 가든지 여호와의 손이 그들에게 재앙을 내리시니 곧 여호와께서 말씀하신 것과 같고 여호와께서 그들에게 맹세하신 것과 같아서 그들의 괴로움이 심하였더라

1) 11절

> 11 이스라엘 자손이 여호와의 목전에 악을 행하여 바알들을 섬기며

▸ 악행과 바알 숭배

하나님을 바로 알지 못하면 악을 행하게 되어 있습니다. 이스라엘 자손은 급기야 바알이라는 우상을 숭배하게 되었습니다. 악이 무엇입니까? 하나님의 뜻을 거스르는 것이고, 그 뜻에 미치지 못하는 것입니다. 이 악은 하나님이 그토록 싫어하시는 우상 숭배의 죄악으로까지 발전하게 됩니다.

2) 12a절

> **12a** 애굽 땅에서 그들을 인도하여 내신 그들의 조상들의 하나님 여호와를 버리고 다른 신들 곧 그들의 주위에 있는 백성의 신들을 따라 그들에게 절하여

▸ 하나님을 버리고 바알과 아스다롯 숭배

하나님께서 이스라엘 백성에게 가나안 땅을 선물로 주셨음에도 불구하고, 이스라엘 백성은 그 하나님을 버리고 가나안 땅의 우상인 부부 신(神) 바알과 아스다롯을 숭배하기 시작합니다. 바알은 구름과 폭풍과 비의 신이라고 하고, 아스다롯은 다산과 전쟁의 신이라고 합니다. 이 헛된 두 신을 자극하여 풍족한 수확과 안정을 얻고자 신전의 창기와 음행을 저지르는 등 죄악을 일삼습니다.

3) 14절

▸ 하나님께서 진노하사 노략하는 자의 손에 넘기시고 대적을 당하지 못함

가나안 땅에 들어온 이스라엘은 지금까지 하나님의 손에 의해서 보호와 승리를 얻었습니다. 하지만 하나님의 뜻을 떠나 우상 숭배하는 이스라엘 백성을 이제는 더 이상 하나님의 손이 지키지 않습니다. 하나님께서는 더 이상 노략하는 자들, 대적자들 앞에서 이스라엘의 보호자가 되어 주시지 않으십니다. 이제 이스라엘 백성은 유약한 백성으로 전락합니다.

4) 15절

▸ 하나님께서 재앙을 내리시사 괴로움이 심해짐

하나님께서는 이제 이스라엘에게 재앙을 내리십니다. 히브리어로 '라아'라는 단어는 '악'과 '재앙'에 모두 사용하는 중의적 단어입니다. 따라서 이스라엘의 악이 재앙을 불러일으키는 원인이 된 것입니다. 하나님은 이처럼 이스라엘 백성의 악을 그냥 두고 보시는 것이 아니라, 재앙이라는 회초리로 다스리십니다. 그런데 이것은 하나님의 맹세에 기인합니다. 복과 저주가 기록된 신명기 28장 15절에 다음과 같이 기록합니다. "네가 만일 네 하나님 여호와의 말씀을 순종하지 아니하여 내가 오늘 네게 명령하는 그의 모든 명령과 규례를 지켜 행하지 아니하면 이 모든 저주가 네게 임하며 네게 이를 것이니." 하나님께서는 이미 모세 시대에 이스라엘에게 말씀하셨습니다. 말씀에 순종하지 아니하면 저주를 받게 되어 괴로움에 처하게 되는 것입니다.

5 열왕기하 20장 16-19절에서는 히스기야 왕이 아들 므낫세에게 신앙교육을 어떻게 했는지 엿볼 수 있습니다.

> 16 이사야가 히스기야에게 이르되 여호와의 말씀을 들으소서 17 여호와의 말씀이 날이 이르리니 왕궁의 모든 것과 왕의 조상들이 오늘까지 쌓아 두었던 것이 바벨론으로 옮긴 바 되고 하나도 남지 아니할 것이요 18 또 왕의 몸에서 날 아들 중에서 사로잡혀 바벨론 왕궁의 환관이 되리라 하셨나이다 하니 19 히스기야가 이사야에게 이르되 당신이 전한 바 여호와의 말씀이 선하니이다 하고 또 이르되 만일 내가 사는 날에 태평과 진실이 있을진대 어찌 선하지 아니하리요 하니라

1) 히스기야 왕은 이사야의 암울한 예언에 어떻게 반응합니까?
   (19절)

19 히스기야가 이사야에게 이르되 당신이 전한 바 여호와의 말씀이 선하니이다 하고 또 이르되 만일 내가 사는 날에 태평과 진실이 있을진대 어찌 선하지 아니하리요 하니라

▸ **자신의 때에 닥치지 않은 재앙에 그나마 감사해 함**

히스기야는 바벨론 사신들을 환대하며 자신이 가진 모든 것을 자랑하는 어리석음을 보여 줍니다. 이방 나라 사신에게 하나님을 드러내야 하는 남유다의 왕 히스기야가 자신을 자랑하는 죄를 범한 것입니다. 이 죄로 인해 이사야 선지자는 불행한 예언을 선포합니다. 히스기야가 바벨론 사신에게 보여 준 모든 것을 빼앗기게 되고, 어떤 아들은 사로잡혀 바벨론의 환관이 될 것이라 예언합니다. 이런 안타까운 예언 앞에 히스기야의 반응은 그나마 자신의 때에는 재앙이 닥치지 않는 것에 대해 감사함을 표하고 있습니다. 앞서 히스기야가 '면벽 기도'의 간절함을 통해 자신의 생명이 연장되었던 것과는 사뭇 다른 반응입니다. 바로 이때도 자신의 목숨을 내걸고 다시 한번 더 하나님 앞에 철저히 회개했다면 분명 다른 결과가 있었을 것입니다. 히스기야의 이런 어리석음으로 인해 남유다 역사상 최악의 왕인 그의 아들 므낫세가 출현하게 됩니다.

2) 당신도 혹시 히스기야 왕처럼 사는 날 동안 믿음으로 정직하게 살면서 하나님이 주시는 복을 누리면 된다고 생각하고, 다음 세대를 생각하지 않는 신앙인은 아닙니까? 히스기야 왕의 모습에 비추어 자신을 돌아봅시다.

　나의 때에만 평안하면 된다는 것은 참으로 이기적이고 어리석은 생각입니다. 하나님께서 나를 구원하신 이유는 나만을 위해서가 아닌, 이웃을 위해, 더 나아가 다음 세대를 위해서입니다. 만약 나를 통해 자녀가, 다른 사람이, 후대가 전혀 선한 영향을 받지 못한다면, 우리는 잘못된 방향으로 살아가고 있는 것입니다. 지금 나의 삶을 정직히 돌아봅시다. 가족을 포함한 나의 가장 가까운 그 누군가에게 선한 영향을 끼치지 못하고 있다면, 하나님 앞에 회개하여 삶의 방향을 바르게 전환해야만 합니다.

6 다음 세대도 하나님을 알고 순종하는 믿음의 세대가 되게 하려면 어떻게 해야 할까요? 다음 성경 구절을 통해 알아봅시다.

1) 잠언 22:6

6 마땅히 행할 길을 아이에게 가르치라 그리하면 늙어도 그것을 떠나지 아니하리라

▸ 신앙교육은 유아교육부터 눈높이 교육을 해야 한다

아이에게 가르치라는 것은 유아 때부터의 교육을 말합니다. 그렇게 되면 늙어서도 바른 길에서 떠나지 않게 될 것이라고 말씀합니다. 그런데 말씀에 '마땅히 행할 길'이란, 눈높이에 맞춘 교육을 의미합니다. 아이에게는 아이의 수준에, 청소년이라면 청소년 수준에 맞춰, 젊은이라면 그들의 본성과 특성에 따라 가르쳐야 한다는 것입니다. 이렇게 될 때, 세상 유혹에 쉽게 빠질 수 있는 우리의 자녀들을 온전히 바른 길로 안내해 줄 수 있게 됩니다.

2) 사사기 2:7

7 백성이 여호수아가 사는 날 동안과 여호수아 뒤에 생존한 장로들 곧 여호와께서 이스라엘을 위하여 행하신 모든 큰 일을 본 자들이 사는 날 동안에 여호와를 섬겼더라

▸ 하나님을 경험하게 해 주어야 한다

여호수아와 그 장로들은 사사기 시대 같은 영적 암흑기를 초래하지 않기 위해 후대에게 하나님에 대해 온전한 가르침을 행하여야 했습니다. 아무리 정복 전쟁과 영토 분배로 바쁜 시간들을 보낸다고 할지라도, 그에 못지않게 가장 중요한 하나님의 명령인 자녀들에게 신앙을 기업으로 물려줄 수 있는 부모 세대가 되었어야 합니다. 이스라엘 역사를 우리는 반면교사(反面敎師) 삼아야 합니다. 부모가 아

무리 바쁘다고 할지라도, 우선적으로 신앙의 유업을 물려주어야 합니다. 그러할 때 부모는 결코 후회가 없는 생을 살 수 있습니다. 소 잃고 외양간 고치는 일은 결단코 없어야 합니다.

7 신앙의 부모이자, 선배로서 다음 세대에게 물려주어야 할 신앙 유산은 무엇입니까? 신명기 6장 4-9절을 통해 알아봅시다.

> 4 이스라엘아 들으라 우리 하나님 여호와는 오직 유일한 여호와이시니 5 너는 마음을 다하고 뜻을 다하고 힘을 다하여 네 하나님 여호와를 사랑하라 6 오늘 내가 네게 명하는 이 말씀을 너는 마음에 새기고 7 네 자녀에게 부지런히 가르치며 집에 앉았을 때에든지 길을 갈 때에든지 누워 있을 때에든지 일어날 때에든지 이 말씀을 강론할 것이며 8 너는 또 그것을 네 손목에 매어 기호를 삼으며 네 미간에 붙여 표로 삼고 9 또 네 집 문설주와 바깥 문에 기록할지니라

1) 4절 (참고. 행 4:12)

> 신 6:4 이스라엘아 들으라 우리 하나님 여호와는 오직 유일한 여호와이시니
>
> 행 4:12 다른 이로써는 구원을 받을 수 없나니 천하 사람 중에 구원을 받을 만한 다른 이름을 우리에게 주신 일이 없음이라 하였더라

▸ 하나님 유일(唯一) 신앙

이스라엘 당시 다신교 문화 속에 모세를 통해 하나님께서는 하나님 유일 신앙을 가지게 하셨습니다. 오직 이스라엘의 하나님만이 온 세상을 창조하시고 다스리시는 유일한 하나님 되심을 강조하기 위함입니다. 이것은 신약의 예수님께로 이어집니다. 하나님께서는 우리가 구원받을 수 있는 유일한 길을 오직 예수님께만 허락하셨습니다. 이것은 예수님만이 절대적 구원자 되심을 선언합니다. 종교다원주의 세태 속에서, 구원의 배타성은 우리가 붙들어야 할 타협할 수 없는 유일한 진리입니다.

2) 5절 (참고. 마 22:37-38)

신 6:5 너는 마음을 다하고 뜻을 다하고 힘을 다하여 네 하나님 여호와를 사랑하라

마 22:37-38 37 예수께서 이르시되 네 마음을 다하고 목숨을 다하고 뜻을 다하여 주 너의 하나님을 사랑하라 하셨으니 38 이것이 크고 첫째 되는 계명이요

▸ 전인적인 최고의 사랑

우리는 하나님께 마음과 뜻과 힘을 다하는 전인적인 사랑을 해야 합니다. 여기서의 사랑은 히브리어 '아하브'를 사용하는데, 그것은 '감정이 동반된 구체적인 행동'을 의미합니다. 따라서 하나님을 사랑

할 때 감정만이 아닌 말씀에 순종함을 통한 행함이 반드시 있어야 합니다. 이것이 바로 전인적인 사랑인 것입니다. 그런데 하나님과의 사랑은 다른 무엇과 비교할 수 없는 최고의 사랑을 올려 드려야 합니다. 이것이 예수님께서 말씀하신 크고도 첫째 되는 최고의 사랑인 것입니다. 우리 모두는 하나님의 사랑 외에는 모든 것을 상대화시킬 수 있어야 합니다. 오직 하나님에게만 절대적 사랑을 드려야 합니다.

3) 6-7절

> **6** 오늘 내가 네게 명하는 이 말씀을 너는 마음에 새기고 **7** 네 자녀에게 부지런히 가르치며 집에 앉았을 때에든지 길을 갈 때에든지 누워 있을 때에든지 일어날 때에든지 이 말씀을 강론할 것이며

▸ 신앙의 대물림

우리에게 가장 가치 있는 것은 하나님을 향한 사랑의 마음입니다. 이것을 자손들에게 계속 대물림해 주어야 합니다. 세상은 돈과 권력, 학력을 대물림해 주려고 혈안이 되어 있지만, 우리 믿음의 사람들은 신앙을 대물림하는 일에 집중해야만 합니다. 왜냐하면 전자는 유한하지만, 후자는 영원하기 때문입니다. 이렇게 신앙을 대물림해 주기 위해서는 부모 세대가 먼저 유일한 하나님 사랑의 신앙을 마음에 새겨야만 합니다. 늘 하나님 사랑을 기억하고, 생각하고, 묵상하는 부모가 되어야 합니다.

8 다음 세대에게 바른 신앙을 물려주기 위해서 무엇이 가장 중요합니까? (신 6:6)

6 오늘 내가 네게 명하는 이 말씀을 너는 마음에 새기고

‣ 부모가 본이 되어야 한다

백문(百聞)이 불여일견(不如一見)임을 기억하며 부모는 하나님 말씀에 순종할 때 누리는 하나님께 받는 놀라운 복을 자녀들에게 직접 보여 주어야 합니다. 자녀들은 언제나 부모의 뒷모습을 보고 자랍니다. 지금부터 오직 하나님 사랑, 말씀 순종의 삶을 살아가는 부모님이 되길 바랍니다.

Transform 세상 속으로

다음 세대에게 신앙을 물려주기 위해 가족과 함께 다음 사항을 정하고 실천합시다. 그 후 그 결과를 평가해 봅시다.

각종 핑계로 미뤄 왔던 가정 안에서의 신앙교육을 실천해 봅시다. 시작은 어려워도 반드시 하나님께서 은혜를 주실 것입니다. 용기를 내어 도전해 봅시다.

내용	결단	적용 후 변화
가정 예배	주 횟수 정하기 : 요일 정하기 : 시간 정하기 :	
큐티 하기	주 횟수 정하기 : 큐티한 내용 나누기 : (카톡방 가능)	
성경 읽기	하루 장 수 정하기 :	
기도 하기	하루 시간 정하기 : 기도 장소 정하기 :	
기타		

마무리

1. 인도자는 오늘 배운 내용에 대해서 간략하게 정리한 후, 훈련생 개인의 삶에 적용, 도전을 주며 통성기도를 이끌어 갑니다.

2. 마침 기도는 훈련생이 하도록 합니다. 마침 기도에 대해 미리 마음의 준비를 해 올 수 있도록, 한 주 전에 정해서 알려 주도록 합니다.

11과

무릎으로 승부하라

☆ 오늘은 암송 시험이 있는 날입니다. 모임 시작 전 잠시 기도해 주시고, 시험지 배포 및 시험 시간(약 20분)을 가지십시오.

모임을 시작하기 전,

❶ 과제물과 "내 영혼의 거울"(개인별 점검표)을 모임 하루 전까지 총무에게 카톡 또는 메일로 제출할 수 있도록 사전에 공지

❷ 총무는 "내 영혼의 거울"(개인별 점검표)을 취합하여 반별 점검표를 작성한 후 과제물과 함께 목회자에게 제출

❸ 목회자는 모임 전에 미리 "내 영혼의 거울" 및 항목별 과제 점검

❹ 모임 시작 전, 각 개인의 영성생활을 점검해 주는 코멘트를 반드시 해 주시길 바랍니다.

1. 찬양

2. 합심기도

1) 지난 한 주간을 돌아보며, 회개의 시간을 가집니다.

2) 성령 하나님을 초청, 모임 가운데 충만하게 임재하여 달라고 간구합니다.

3) 제자훈련을 위한 분명한 소명과 은혜를 위해 기도합니다.

4) 인도자가 대표기도로 마무리를 하고 모임을 시작합니다.

3. 암송 시험

1) 한 명씩 돌아가며 제시된 두 구절을 외우도록 합니다.

① 예수의 소문이 더욱 퍼지매 수많은 무리가 말씀도 듣고 자기 병도 고침을 받고자 하여 모여 오되 예수는 물러가사 한적한 곳에서 기도하시니라 <u>눅 5:15-16</u>

② 아무 것도 염려하지 말고 다만 모든 일에 기도와 간구로, 너희 구할 것을 감사함으로 하나님께 아뢰라 그리하면 모든 지각에 뛰어난 하나님의 평강이 그리스도 예수 안에서 너희 마음과 생각을 지키시리라 <u>빌 4:6-7</u>

4. 과제 점검

1) "내 영혼의 거울" 중심으로 과제를 점검합니다.

2) 각 훈련생마다 영적 생활을 점검해 줍니다. 잘한 부분은 칭찬, 부족한 부분은 잘할 수 있도록 동기부여를 해 줍니다.

5. 삶 나눔 및 생활숙제 나눔

1) 지난 한 주 동안 있었던 즐거웠던 일, 슬펐던 일 등 한 주간의 이슈를 나눕니다.

   ※ 슬프거나 안타까운 일을 들었을 때, 성령님의 인도하심에 따라 바로 합심기도를 해도 좋겠습니다.

2) 지난 주 과제였던 생활숙제 나눔을 가집니다.

6. Q.T 나눔

1) 정해진 본문을 묵상해 온 것을 함께 돌아가며 나누도록 합니다.

2) 시간을 고려하여 정해진 몇 명만 나눠도 괜찮습니다. 다음 주에는 나누는 인원이 겹치지 않고 골고루 나눌 수 있도록 유도합니다.

7. 독후감 나눔

1) 이번 주까지 마지막 필독서『늘 급한 일로 쫓기는 삶』(찰스 험멜 저) 독후감 과제가 있습니다.

8. 공지 사항

1) 제자훈련 종강 후, '소그룹 인도법'이 이어집니다. 본 강의 수강생은 자동 신청됩니다.

2) 이번 주까지 제자훈련 "수료간증문" 제출이 있습니다. A4 1장 정도 분량의 간증문을 각 반별로 취합해 주시길 바랍니다.

3) 반별 기념사진은 준비되는 대로, 액자와 함께 전달해 드리겠습니다. 배부는 각 반별로 자유롭게 진행해주시면 됩니다.

우리 삶은 영적 전쟁터입니다. 이 전쟁에서 승리할 수 있는 유일무이한 방법은 오직 기도에 있습니다. 기도의 중요성을 알지만, 실제 기도하지 않는 것이 우리의 연약함입니다. 이를 어떻게 타개할 수 있는지, 말씀 가운데 이 영적 전쟁터에서 승리하는 절대적 요소인 기도를 무기로 취하는 능력의 시간이 되길 소망합니다.

Connect 말씀 속으로

1 출애굽 한 모세에게도 기도의 현장이 있었습니다. 출애굽기 17장 8-16절을 살펴봅시다.

8 그 때에 아말렉이 와서 이스라엘과 르비딤에서 싸우니라 9 모세가 여호수아에게 이르되 우리를 위하여 사람들을 택하여 나가서 아말렉과 싸우라 내일 내가 하나님의 지팡이를 손에 잡고 산 꼭대기에 서리라 10 여호수아가 모세의 말대로 행하여 아말렉과 싸우고 모세와 아론과 훌은 산 꼭대기에 올라가서 11 모세가 손을 들면 이스라엘이 이기고 손을 내리면 아말렉이 이기더니

12 모세의 팔이 피곤하매 그들이 돌을 가져다가 모세의 아래에 놓아 그가 그 위에 앉게 하고 아론과 훌이 한 사람은 이쪽에서, 한 사람은 저쪽에서 모세의 손을 붙들어 올렸더니 그 손이 해가 지도록 내려오지 아니한지라 **13** 여호수아가 칼날로 아말렉과 그 백성을 쳐서 무찌르니라 **14** 여호와께서 모세에게 이르시되 이것을 책에 기록하여 기념하게 하고 여호수아의 귀에 외워 들리라 내가 아말렉을 없이하여 천하에서 기억도 못 하게 하리라 **15** 모세가 제단을 쌓고 그 이름을 여호와 닛시라 하고 **16** 이르되 여호와께서 맹세하시기를 여호와가 아말렉과 더불어 대대로 싸우리라 하셨다 하였더라

1) 8절에 나오는 '그때에'를 주목해 봅시다. 모세는 기도의 현장을 언제 경험합니까? (8절)

8 그 때에 아말렉이 와서 이스라엘과 르비딤에서 싸우니라

▸ **아말렉과의 전쟁의 때**

출애굽한 이스라엘 백성에게 처음으로 대적 아말렉이 쳐들어옵니다. 그런데 바로 이때 모세는 기도를 통해 전쟁에 능하신 하나님, 보호하시는 하나님을 경험하게 됩니다.

2) 아말렉은 누구입니까? (창 36:12; 신 25:18; 삼상 15:3)

창 36:12 에서의 아들 엘리바스의 첩 딤나는 아말렉을 엘리바스에게 낳았으니 이들은 에서의 아내 아다의 자손이며

신 25:18 곧 그들이 너를 길에서 만나 네가 피곤할 때에 네 뒤에 떨어진 약한 자들을 쳤고 하나님을 두려워하지 아니하였느니라

삼상 15:3 지금 가서 아말렉을 쳐서 그들의 모든 소유를 남기지 말고 진멸하되 남녀와 소아와 젖 먹는 아이와 우양과 낙타와 나귀를 죽이라 하셨나이다 하니

▸ 에서의 후손, 하나님을 두려워하지 않은 민족, 진멸의 대상

창세기 36장에 기록된 아말렉은 에서의 후손입니다. 그들은 시내 반도와 네게브 지역에서 거주하면서 유목생활을 했던 매우 호전적인 민족이었습니다. 그런데 그들에 대한 성경의 평가는 상당히 부정적입니다. 이유는 이스라엘 백성이 광야에서 피곤하여 약해 있을 때 공격하였기 때문입니다. 성경은 아말렉을 하나님을 두려워하지 않은 민족으로 평가하였으며, 이들은 하나님 앞에서 진멸의 대상이 됩니다. 이에 하나님께서는 사무엘상에서 사울왕에게 그들을 다 진멸하라고 말씀하셨음에도 불구하고, 사울왕은 그들을 남겨 두어 왕위를 박탈당하게 됩니다. 이후로 다윗에 의해, 히스기야에 의해, 최종적으로 에스더 때 아말렉의 후손인 하만과 그 일족을 처형함으로써 아말렉 민족의 진멸이 성취되었습니다(에 7:9-10[35], 9:10[36]).

3) 모세의 첫 번째 전략은 무엇입니까? (9a절)

9a 모세가 여호수아에게 이르되 우리를 위하여 사람들을 택하여 나가서 아말렉과 싸우라

▶ **나가서 싸우라**

성경에서 여호수아의 이름이 처음으로 등장합니다. 그런데 그는 이미 모세와 함께하는 조력자로서 전쟁의 선봉장으로 서게 됩니다. 여호수아는 모세의 명령에 순종함으로 군대를 조직하여 아말렉과의 전쟁을 수행하게 됩니다. 모세는 하나님의 역사를 기대하며 인간 차원에서 해야 할 일을 정확히 알고 있었습니다. 그것은 바로 나가서 대적과 싸우는 것입니다.

4) 모세의 두 번째 전략은 무엇입니까? (9b절)

9b 내일 내가 하나님의 지팡이를 손에 잡고 산 꼭대기에 서리라

---

35) **9** 왕을 모신 내시 중에 하르보나가 왕에게 아뢰되 왕을 위하여 충성된 말로 고발한 모르드개를 달고자 하여 하만이 높이가 오십 규빗 되는 나무를 준비하였는데 이제 그 나무가 하만의 집에 섰나이다 왕이 이르되 하만을 그 나무에 달라 하매 **10** 모르드개를 매달려고 한 나무에 하만을 다니 왕의 노가 그치니라
36) 곧 함므다다의 손자요 유다인의 대적 하만의 열 아들을 죽였으나 그들의 재산에는 손을 대지 아니하였더라

▸ 하나님의 지팡이를 들고 서는 것

하나님의 지팡이는 하나님의 능력의 역사를 상징합니다. 모세는 그 능력의 지팡이를 들고 산꼭대기에 서겠다고 말합니다. 지팡이를 들고 서는 행위는 전쟁의 승패가 여호와 하나님께만 달려 있음을 고백하는 것입니다. 또한 이스라엘 군대를 위해 중보기도를 하겠다는 믿음의 행위입니다.

5) 우리는 실무와 기도 사이에서 균형을 잘 잡아야 합니다. 당신
   은 기도의 현장에서 어떤 모습을 보입니까?

모세가 임한 전쟁의 예를 통해서 우리는 우리가 해야 할 일(실무)과 기도 사이의 균형이 필요함을 알 수 있습니다. 하나님께서는 자신을 전적으로 의지하는 기도를 통해서 우리 삶 속에 싸워야 할 것, 없애 버려야 할 것을 분별하며 과감히 행동하기를 원하십니다. 지금 내 삶에 아말렉과 같이 제거해야 할 것이 무엇인지 분별해 봅시다. 그리고 기도를 통해 그것을 없앨 수 있는 담대함을 실천해 봅시다.

6) 모세는 왜 산꼭대기에 올라가서 하나님의 지팡이를 잡고 두 손을 들고 기도했을까요? (9-11절; 참고. 시 28:2)

출 17:9-11 9 모세가 여호수아에게 이르되 우리를 위하여 사람들을 택하여 나가서 아말렉과 싸우라 내일 내가 하나님의 지팡이를 손에 잡고 산꼭대기에 서리라 10 여호수아가 모세의 말대로 행하여 아말렉과 싸우고 모세와 아론과 훌은 산 꼭대기에 올라가서 11 모세가 손을 들면 이스라엘이 이기고 손을 내리면 아말렉이 이기더니

시 28:2 내가 주의 지성소를 향하여 나의 손을 들고 주께 부르짖을 때에 나의 간구하는 소리를 들으소서

‣ 전적 의지, 믿음의 확신

모세는 하나님 능력의 상징인 지팡이를 손에 잡습니다. 이것은 오직 전쟁에 능하신 하나님만을 전적으로 의지하는 행위입니다. 그리고 그 믿음의 확신으로 전쟁 중인 병사들 모두가 보이는 산꼭대기에서는 행동을 합니다. 그리고 조력자들인 아론과 훌의 도움으로 손을 들어 중보기도를 시작하게 됩니다. 손을 든다는 행위는 우리가 쉽게 이해할 수 있듯이, 더욱더 간절히 하나님의 도우심을 소망하는 것이라고 볼 수 있습니다. 이와 같이 하나님만을 의지하는 지도자 모세의 모습이 우리 모두의 모습이 되어야 할 것입니다.

7) 모세가 손을 들고 기도할 때 어떤 일이 일어났습니까?
   (11절; 참고. 시 24:8)

> **출 17:11** 모세가 손을 들면 이스라엘이 이기고 손을 내리면 아말렉이 이기더니
>
> **시 24:8** 영광의 왕이 누구시냐 강하고 능한 여호와시요 전쟁에 능한 여호와시로다

▸ 전쟁에서 승리

모세가 손을 들면 아말렉에게 이스라엘이 이기고, 손을 내리면 지게 됩니다. 모세가 손을 올리고 내리는 것이 전쟁의 승패를 좌우합니다. 이것은 두 가지의 의미를 가집니다. 첫째, 인간은 연약하다는 것입니다. 모세는 육신의 한계가 찾아오면 어쩔 수 없이 손을 내려야 합니다. 그러면 전쟁은 수세로 몰리게 됩니다. 인간의 연약함을 보게 됩니다. 둘째, 기도만이 전쟁의 절대적 승리를 가져다준다는 것입니다. 모세가 아론과 훌의 도움으로 다시 손을 올릴 때, 전쟁에 능하신 하나님께서 이스라엘에게 승기를 가져다주시고, 결국 전쟁에서 이기게 하십니다. 이를 통해 나 자신의 한계와 연약함을 철저히 인정하고, 동역자들과 함께 손을 들어 기도하기 시작하는 것이 중요함을 깨달아야 합니다. 바로 그때 전쟁에 능하신 하나님께서 우리로 이기게 하시고, 오직 하나님께만 영광을 돌리게 하십니다.

8) 당신의 기도 현장에서 경험한 이야기를 함께 나누어 봅시다.

   우리의 모든 문제 앞에서 기도가 앞장서야 합니다. 기도를 통해서 성령 하나님께서 알려 주시는 해결책을 가지고 삶의 문제를 이겨 나가야 합니다. 우리의 과오가 무엇입니까? 문제 앞에 기도 없이 나의 능력으로, 혹은 다른 사람을 의지하여 이기려 한다는 것입니다. 이것은 백전백패의 지름길입니다. 이런 패착의 경우가 있다면 함께 나눠 봅시다. 그리고 이제 모든 문제 앞에 기도로 하나님의 전략을 받으십시오. 그리하면 그 누구도 대적할 수 없는 절대자 하나님께서 우리의 모든 문제를 앞서 해결해 가사, 우리로 승리케 하실 것입니다.

2 무릎으로 승부하는 사람은 겸손히 자신의 기도 제목을 나누고, 합심으로 기도합니다.

1) 마태복음 18:19

> **19** 진실로 다시 너희에게 이르노니 너희 중의 두 사람이 땅에서 합심하여 무엇이든지 구하면 하늘에 계신 내 아버지께서 그들을 위하여 이루게 하시리라

▶ 중보기도의 중요성

   하나님께서는 합심하여 기도하기를 원하십니다. 모세에게 아론과 훌이 있었듯이, 다니엘에게는 세 친구가 있었고, 바울에게는 바나

바, 실라 등이 있었습니다. 그리고 사도행전의 기록에도 보면, 교회 공동체가 다 같이 모여 전심으로 기도할 때, 역사하시는 하나님의 응답을 경험하게 됩니다. 나 혼자는 약하지만, 함께하면 강합니다. 그러하기에 함께 기도할 수 있는 믿음의 동역자요, 공동체를 가지는 것은 이 땅에서 우리가 누릴 수 있는 놀라운 기도 응답의 비밀이자 축복입니다.

2) 야고보서 5:16

> **16** 그러므로 너희 죄를 서로 고백하며 병이 낫기를 위하여 서로 기도하라 의인의 간구는 역사하는 힘이 큼이니라

▸ 죄의 고백과 치유, 믿음의 기도로 공동체 유지

우리의 신앙을 공적으로 고백하듯이, 우리의 은밀한 죄도 신앙 공동체 안에서 고백해야 한다고 말합니다. 그리고 질병의 치유를 위해서도 함께 기도할 것을 촉구합니다. 우리는 불완전한 존재입니다. 따라서 언제나 죄를 지을 수 있는 가능성이 있고, 질병에 걸릴 가능성을 가지고 살아갑니다. 바로 이러할 때, 우리에게 필요한 것은 서로를 위해 기도할 수 있는 중보기도의 공동체입니다. 함께 진실로 기도할 수 있는 사람들이 모여 간절히 기도할 때, 하나님께서는 그 모인 무리를 의롭다 하실 것입니다. 그리고 주께서는 그 의인들의 간구에 역사하는 힘을 크게 하십니다. 왜냐하면 의인들은 기도 응답의 원인을 힘써 기도하는 '나' 혹은 '우리'에서 찾는 것이 아니라, 우

리의 연약한 기도조차도 들어 응답하시는 '하나님'께 두기 때문입니다. 이런 기도자들의 간구는 큰 믿음의 역사를 일으킵니다.

3) 사도행전 12:5-10 (비교. 행 12:2; 7:59-60)

행 12:5-10 5 이에 베드로는 옥에 갇혔고 교회는 그를 위하여 간절히 하나님께 기도하더라 6 헤롯이 잡아 내려고 하는 그 전날 밤에 베드로가 두 군인 틈에서 두 쇠사슬에 매여 누워 자는데 파수꾼들이 문 밖에서 옥을 지키더니 7 홀연히 주의 사자가 나타나매 옥중에 광채가 빛나며 또 베드로의 옆구리를 쳐 깨워 이르되 급히 일어나라 하니 쇠사슬이 그 손에서 벗어지더라 8 천사가 이르되 띠를 띠고 신을 신으라 하거늘 베드로가 그대로 하니 천사가 또 이르되 겉옷을 입고 따라오라 한대 9 베드로가 나와서 따라갈새 천사가 하는 것이 생시인 줄 알지 못하고 환상을 보는가 하니라 10 이에 첫째와 둘째 파수를 지나 시내로 통한 쇠문에 이르니 문이 저절로 열리는지라 나와서 한 거리를 지나매 천사가 곧 떠나더라

행 12:2 요한의 형제 야고보를 칼로 죽이니

행 7:59-60 59 그들이 돌로 스데반을 치니 스데반이 부르짖어 이르되 주 예수여 내 영혼을 받으시옵소서 하고 60 무릎을 꿇고 크게 불러 이르되 주여 이 죄를 그들에게 돌리지 마옵소서 이 말을 하고 자니라

▸ 기적을 일으키는 기도

헤롯왕으로 인해 베드로가 붙잡혀 투옥됩니다. 바로 그때 교회는 베드로를 위해 간절히 기도하기 시작합니다. 이 기도의 모습은 흡사 예수님의 겟세마네 동산에서의 기도를 연상케 합니다. 이제는 예수

님처럼 초대교회의 기도의 모습이 많이 성장해 있음을 알 수 있습니다. 초대교회의 간절한 기도로, 천사가 나타나 옥중에 있는 베드로를 구출해 내는 놀라운 기적이 일어납니다. 이를 통해 우리는 공동체의 간절한 기도가 헤롯이 사용한 어떤 무력보다 강함을 알 수 있습니다. 하지만 비교 구절에서 생각해 보길 원하는 것은, 우리의 모든 기도가 기적을 일으키지 않을 수 있다는 것입니다. 베드로는 교회의 간절한 기도로 구출이 되었지만, 앞선 12장 2절에서 야고보는 헤롯왕에 의해서 죽임을 당합니다. 또한 사도행전 7장에서는 스데반이 순교를 하게 됩니다. 이 모든 사건을 통해 우리가 생각해야 할 것은 우리의 기도대로 응답된다는 자판기식 기도의 태도를 버려야한다는 것입니다. 그리고 우리의 모든 기도를 통해 결국 하나님의 뜻이 이루어진다는 마음으로 바뀌어야 합니다. 공동체의 기도는 하나님의 뜻을 이루는 강한 힘이 있습니다.

3 당신은 기도 제목을 나누고 함께 기도하는 사람이 얼마나 있습니까? 합심 기도의 간증이 있다면 함께 나누어 봅시다.

먼저 생각해 보아야 할 것은 정말 내 마음을 나눌 수 있는 기도의 공동체가 있느냐는 것입니다. 만약 있다면 그것을 더욱더 소중히 여기며 함께 모여 기도하기에 힘써야 할 것입니다. 그리고 이런 공동체에서 경험한 중보기도의 간증을 함께 나눠 봅시다. 그렇게 한다면 그 필요성이 더욱더 커지게 될 것입니다. 반면에 기도의 공동체가 아직 없다고 한다면, 지금 제자반 공동체가 바로 이런 기도의 공동체가 되길 소망해 봅시다. 그리고 제자훈련 이후에도 정기적으로 만나 기도할 수 있는 기도의 공동체가 되기로 약속해 봅시다.

4 기도 생활에는 방학이 없습니다. 예수님은 이 땅에 머무시는 동안 항상 기도하는 삶을 사셨습니다. 다음 성경 구절을 살펴보십시오.

1) 마가복음 1:35

35 새벽 아직도 밝기 전에 예수께서 일어나 나가 한적한 곳으로 가사 거기서 기도하시더니

‣ 새벽 기도자 예수님

예수님은 하루를 시작하기에 앞서서 기도라는 가장 중요한 일을 선택하셨습니다. 기도는 바로 하나님과의 관계입니다. 예수님께서는 눈을 뜨며 제일 먼저 가장 사랑하는 하나님 아버지와의 교제를 시작하신 것입니다. 그리고 하루 한 날 일어나는 일들을 머리에 그리며 기도하셨을 것입니다. 우리에게 기도를 가르쳐 주신 것처럼, 뜻이 하늘에서 이뤄진 것처럼 땅에서 이뤄지길 원하시며 하나님 나라를 확장하기 위한 사역을 시작하셨습니다.

2) 누가복음 5:16

16 예수는 물러가사 한적한 곳에서 기도하시니라

‣ 사역보다 기도를 선택하신 예수님

위의 구절의 배경은 다음과 같습니다. 예수님께서 한 동네에서 나병 환자를 깨끗이 고치셨다는 소문이 파다하게 퍼지니 수많은 군중이 몰려들기 시작합니다. 그들은 예수님의 말씀 듣기를 원했고, 병을 고침받길 원하였습니다. 이것은 예수님의 중요한 사역들입니다. 가르치시고, 병을 고치시고, 이를 통해 주의 나라를 전파하실 수 있는 절호의 기회였습니다. 하지만 예수님께서는 한적한 곳에서 기도하기를 선택하십니다. 많은 사역보다, 수많은 사람에게 주목받고 인기를 얻는 것보다 가장 중요한 것을 기도에 두신 것입니다. 기도가 무엇입니까? 하나님 아버지와의 교제입니다. 예수님이 이 땅에서 가장 중요하게 여기신 것은 바로 정기적으로 하늘 아버지와의 교제를 나누시는 기도의 시간이었습니다. 우리 모두도 바쁜 사역과 일에 매몰되는 것이 아니라, 하나님 아버지와 교제하는 것에 늘 우선순위를 두어야 할 것입니다.

3) 누가복음 6:12-13

12 이 때에 예수께서 기도하시러 산으로 가사 밤이 새도록 하나님께 기도하시고 **13** 밝으매 그 제자들을 부르사 그 중에서 열둘을 택하여 사도라 칭하셨으니

▸ 가장 중요한 결정에 앞서 기도하시는 예수님

예수님의 공생애 사역 가운데 참으로 중요한 사역은 바로 동고동락(同苦同樂)할 열두 명의 제자 공동체를 세우시는 일이었습니다. 그 일이 얼마나 중요하셨는지, 산에서 밤을 새어 기도를 하십니다. 소위 철야기도를 마치신 예수님께서는 하나님 아버지와 기도 중 회의를 통해 결정하신 열두 제자를 택하십니다. 여기에서 우리는 가장 중요한 결정에 앞서 예수님은 기도를 선택하셨음을 배우게 됩니다. 우리는 결정을 내릴 때 경험이나 지식에 의존해서는 안 됩니다. 기도를 통해 하나님께 응답받은 예수님을 본받아, 모든 일을 기도로 결정해야 합니다.

4) 누가복음 22:44

44 예수께서 힘쓰고 애써 더욱 간절히 기도하시니 땀이 땅에 떨어지는 핏방울 같이 되더라

▸ 가장 어려운 순종을 위해 기도하시는 예수님

겟세마네 동산에서의 기도는 참으로 처절한 기도였습니다. 자신이 인류의 죄의 저주를 속죄하기 위해 십자가를 져야 하는 고통이 예수님을 짓누른 것입니다. 그 고통은 영원 전부터 계속되어 왔던 하나님 아버지와의 관계의 단절을 의미하기에 그것을 받아들이기 참으로 힘든 상황이었습니다. 예수님처럼 수용하기 어려운 하나

님의 뜻이 우리 삶에 찾아왔을 때, 우리는 과연 어떻게 반응합니까? '하나님, 제게 어떻게 이렇게 요구하실 수 있습니까?' 하고 반문하게 됩니까? 아니면 '하나님 아버지의 뜻이 그러하시다면, 그 뜻을 이루기 위해 순종하겠습니다'라고 반응합니까? 사실 하나님께서 나의 뜻과 다르게 요구하실 때, 처절한 기도가 없이는 그것을 온전히 수용하기가 참으로 어려울 것입니다. 하지만 이 기도는 반드시 그 순종 뒤에 있을 영광을 미리 보게 할 것입니다.

5 '무릎으로 승부하는 제자'의 삶을 위해 예수님처럼 기도하기를 결단하십시오!

기도할 때 응답하시는 것은 하나님의 영역이지만, 기도의 자리로 나아가는 것은 나의 역할이요, 책임입니다. 기도가 없는데 응답이 있고 하나님과의 친밀함이 유지된다는 것은 어불성설(語不成說)입니다. 따라서 다니엘처럼, 사도행전의 사도들처럼 시간을 정하여 하나님 앞에 정한 분량만큼 기도하는 것이 참으로 중요합니다. 습관화된 기도는 하나님과의 친밀한 관계를 유지 및 발전시키며 그 어떠한 시련 앞에서도 능히 이길 수 있는 힘을 제공합니다. 제자훈련이 마치는 지금 순간부터 하루의 말씀과 기도 시간을 정하여 한평생 승리하는 삶을 살아가게 되길 축복합니다.

가정, 교회, 사회(직장)을 위한 기도문을 작성해 봅시다.

　기도로 말미암아 변화될 삶의 영역을 기대하며 기도문을 작성해 봅시다. 믿음의 기도로 삶의 구석구석을 하나님 나라로 변화시켜 가는 제자훈련생이 되기를 원하며 마무리합니다.

영역	기도문
가정	
교회	
사회 (직장)	

마무리

1. 인도자는 오늘 배운 내용에 대해서 간략하게 정리한 후, 훈련생 개인의 삶에 적용, 도전을 주며 통성기도를 이끌어 갑니다.

2. 마침 기도는 훈련생이 하도록 합니다. 마침 기도에 대해 미리 마음의 준비를 해 올 수 있도록, 한 주 전에 정해서 알려 주도록 합니다.

Memo

Memo